일 잘하는
사람의 시간은
다르게 흘러간다

하루를 완전하게 사용하는
이윤규 변호사의
3단계 타임 매니지먼트

일 잘하는
사람의 시간은
다르게 흘러간다

이윤규 지음

위즈덤하우스

제1장

시간 관리는
인생 관리다

나에게 맞는
시간 관리법 찾기

시간 관리법의 두 가지 흐름

시간 관리에는 크게 두 흐름이 있다. **효율적인 삶을 추구하는 방향**과 **즐겁고 윤택한 삶을 추구하는 방향**이다. 쉽게 말하면 어떻게 하면 업무를 더 효율적으로 할 수 있는가에 대해 말하는 것이 앞의 것이고, 업무 외에 인생을 풍성하게 만들어주는 것들을 위한 시간을 확보하는 방법에 대한 것이 뒤에 해당한다.

이런 흐름은 서로 충돌하는 것이 아니고 단지 어떤 가치를 중시하는

가에 따라 강조되는 부분이 다른 것일 뿐이다. 그리고 그 가치, 간단히 효율성과 만족감이라고 하면, 그중 어느 것을 중요하게 여기는가는 시대의 분위기나 라이프스타일 등에 따라 달라진다고 할 수 있다. 예를 들어 과거에는 효율성을 추구하는 시간 관리가 더 강조되었지만 최근에는 만족감을 추구하는 시간 관리가 더 강조되는 추세다.

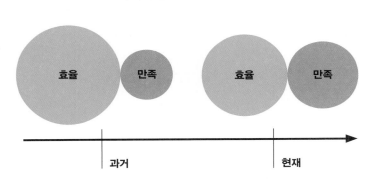

시간 관리라고 하면 보통 두 가지를 구별하지 않고 통틀어 지칭하기 때문에 자신의 목적과는 관계가 없는 시간 관리법을 배우는 경우가 매우 많다. 일을 더 효율적으로 하고 싶다는 생각으로 책을 샀는데 즐거운 삶을 사는 방법에 대한 것이 적혀 있다거나 업무 외의 무언가를 하며 삶에 또 다른 가치를 부여하고 싶다는 생각의 사람이 효율적으로 일하는 법에 대한 내용을 읽기도 하는 것이다.

특히 수험생은 극단적으로 효율이 강조되는 삶 속에 놓이는, 말하자면 특수한 위치에 있는 사람들이라고 할 수 있는데, 뜬금없이 여유 있고 즐거운 삶에 대한 방법을 배우고 고개를 갸우뚱하는 경우도 생기는 것이다. 그런 삶에 대해 말하는 경우들은 대개 아침에 일찍 일어나서 시간을 확보하는 것을 강조하고 있어 수험생들은 정확한 이유도 모른 채 '아침에 일찍 일어나는 것=공부(일, 업무)를 잘하는 것'으로 생각하기도 한다. 물론 약간의 뿌듯함은 있을지 모르지만 공부 그 자체와는 아무런 관계가 없다.

시간 관리라는 것은 결국 인생 관리에 해당한다. 인생이라는 유한한 시간 속에서 어떤 행동을 하는 것이 더 내 인생의 행복과 맞닿아 있을지에 대해 고민하는 것이기 때문이다. 따라서 먼저 시간 관리법의 흐름에 대해 아는 것이 매우 중요하다. 그 흐름 속에서 내 라이프스타일이나 인생관이 어디를 향하고 있는지 파악해야 자신에게 맞는 시간 관리법을 찾을 수 있기 때문이다.

시간 관리에서 가장 먼저 알아야 할 것

시간 관리에서 가장 중요한 부분은 결과를 내는 것, 즉 아웃풋을 만드는 것이라고 할 수 있다. 내가 시간을 잘 쓰고 있다는 만족감만을 느끼기 위한 경우를 제외하면, 그것이 업무든 취미생활이든 외부에 드러나는 결과물로 시간 관리가 잘 되었는지 안 되었는지를 판단하기 때문이다.

효율적인 아웃풋을 만드는 시간 관리를 위해서는 꼭 지켜야 할 것들이 있고 이 책에서는 그 방법들을 설명하고자 하는데, 아래에서 그 전반에 대해 먼저 설명을 하고자 한다.

**단계를
나누는 이유**　　　먼저 **완벽한 계획 속에서만 완전한 자유가 나온다**는 것을 알아야 한다. 시간 관리는 9할이 어떻게 효율적으로 계획을 세우는가에 달려 있다고 해도 과언이 아니다. 짜임새 있는 촘촘한 계획은 삶을 옭아맬 것 같지만, 절대 그렇지 않다. 계획이 없다는 것은 무엇을 해야 할지를 모르게 된다는 뜻이어서 아웃풋을 만드는 실행행위에 온전히 시간을 쏟지 못하고 그 중간중간 머릿속으로 계획을 세워야 하므로 서로 방향이 다른 두 행동이 뒤섞여 결국 시간을 낭비하게 만든다.

이렇듯 시간 관리에서는 **계획단계와 실행단계를 명확히 나누는 것이 매우 중요**하다. 이렇게 단계를 나눔으로써 단계별로 오로지 한 가지 행동을 하는 데 모든 의식을 집중할 수 있고 일의 결과도 좋게 나올 수 있는 것이다. 계획단계에서는 미리 발생할 수 있는 모든 상황을 생각해두어야 하고, 실제 실행단계에서는 계획에 따른 '실행'이라는 단 하나의 행동만 해야 한다.

대부분 의식하지 않고 있지만 이는 사람의 인지능력이 생각보다 높지 않다는 것 때문에 발생하는 문제다. 사람의 뇌는 멀티태스킹에 익숙하지 않고 한 번에 동시에 기억해서 처리할 수 있는 정보의 개수도 매우 적다. 1984년에 나온 컴퓨터에 요즘 나온 운영체제나 프로그램을 설치해서 실행하면 어떤 결과가 나올까? 연도는 적절히 자신이 태어난 해로 바꾸어 생각해보기 바란다. 사람의 지능의 한계나 사고체계는 지난 시간 동안 크게 바뀌지 않았지만 우리가 다루어야 할 정보의 질이나 양, 그로 인한 일들은 하루가 다르게 달라지고 있다. 이런 상황에서는 무리하게 여러 단계의 일을 한 번에 하는 것보다 오히려 접근법을 바꾸어 한 번에 단 하나의 일만을 처리하도록 일을 다듬는 것이 더 현명한 방법이라고 하겠다. 쉽게 말하자면, 컴퓨터를 바꾸는 것이 아니라, 그 컴퓨터에 맞게 일의 형태를 바꾸는 것이다. 시간 관리에 관한 모든 책의 결말이 이와 같다.

시간 관리는 총 3단계에 걸쳐 이루어진다.

1단계 : 계획   첫 번째 단계는 계획이다. 계획단계에서는 **일을 분류하고 우선순위를 매기는 작업이 핵심**이다. 반드시 해야 할 일들과 굳이 하지 않아도 되는 일을 분류하고, 반드시 해야 하는 일들을 어느 시간에 배치할 때 더 효율적일지, 스스로 하는 것이 효율적일지 다른 사람에게 맡기는 것이 효율적일지를 정해야 한다. 이 과정에서도 중요한 것은 사람의 인지능력에 한계가 있다는 점을 인식하고 일이 섞이지 않도록 명확하게 나누는 것이다.

계획을 짤 때는 매우 다양한 요소들을 고려하는데, 특히 아직 일을 시작하기 전 단계이므로 단지 일의 효율만을 생각해서는 안 되고 동기부여의 면도 함께 고려해야 한다. 일의 배치에 따라 계획의 난이도가 달라지는데, 난이도는 동기부여에 큰 영향을 미치기 때문이다.

효율성과 만족감의 비중을 어떻게 설정하는가에 따라 시간 관리법의 색채가 달라진다. 이처럼 효율성과 만족감은 그 비중이 다를 뿐 어느 하나를 포기해서는 안 된다. 반드시 두 가지 모두 추구해야 한다. 만족감을 통해 일을 할 수 있는, 시간 관리를 할 수 있는 동력을 얻는 면이 있기 때문이다. 즐거움과 만족감 없이 일만 하는 삶을 상상할 수 있는가? 직장인의 경우라면 만족감을 위한 시간은 적금을 들 듯 모아서 사용해야 하고, 극단적인 아웃풋과 장래의 큰 만족감이 강조되는 수험생 시절에는 보상의 의미로 최소한도의 현실적 즐거움과 만족감이 주어져야 한다. 그렇지 않으면 효율을 높이기도 전에 정신적 체력이 다해서 아무것도 할 수 없는 상황이 닥치게 된다.

**2단계
: 실행**　　　두 번째 단계는 실행이다. 실행은 단적으로 집중력의 문제라고도 할 수 있다. 다만 시간 관리라는 목적에 맞게 적절히 변형해야 한다. 앞서 계획의 중요성에 대해 설명했듯이, 실행 단계에서도 사전준비가 매우 중요하다. 어떤 마음가짐으로 실행에 임할지, 실행에 앞서 집중에 방해가 되는 것들을 어떻게 제거하거나 통제할지를 먼저 결정해야 한다. 그리고 실행단계에 들어와서도 계획과 실행이 섞이지 않도록 주의를 기울어야 한다.

**3단계
: 점검**　　　세 번째 단계는 피드백, 즉 점검이다. 기존의 시간 관리법에서는 이 부분에 대해서는 크게 다루지 않았다. 어떤 모범적인 방식이 제시가 되고 얼마만큼 그것을 따라할 수 있는지가 더 큰 관심사였다. 하지만 점점 개개인의 사고와 자유, 창의가 중시되면서 스스로 자신의 계획과 실행을 점검하고 평가하는 흐름이 생기기 시작했다. '다른 사람'이라는 추상적인 잣대로 '나'라는 구체적인 사람을 판단하는 것이 아니라, **내가 스스로 평가자가 되어 내 계획과 실행을 점검**하게 된 것이다.

　점검단계에서는 그 전제로 계획과 실행의 기록이 필요하다. 가뜩이나 사람은 머릿속으로 생각할 수 있는 양이 매우 적은데, 하루 또는 그 이상의 기간 동안 만든 지침과 실행과정에서 일어난 일들을 다시금 떠올리고 문제점을 인식하고 수정하는 게 불가능하기 때문이다. 그런데 통상 계획을 세우는 단계에서부터 그 고민의 결과물을 기록하는 것이 보통이기 때문에, 실제 기록의 대상은 실행단계에서의 성과와 문제점 등으로 한정된다.

점검은 다시 문제점을 인식하고 수정한 후 반영하는 세 가지 세부단계로 나누어진다. 시간 관리법 외의 다른 분야에서는 문제점의 인식과 수정까지는 잘 이루어지지만 반영이 잘 이루어지지 않기 때문에 그 점에 대해 주로 설명하지만, 시간 관리법 분야에서는 문제점의 인식 단계부터가 문제된다.

그 외의
것들

이 외에도 시간 관리는 결국 업무 관리이기 때문에 집중력을 높이는 방법이나 슬럼프를 극복하는 방법, 문서를 비롯한 정보를 빠르게 파악하는 방법 등도 시간 관리의 영역으로 다루어지고 있으나, 나는 앞서 언급한 내용들에 대해 전작에서 다룬 적이 있기도 하고 그 주제들이 직접적인 시간 관리법의 영역에 속한다고 생각이 되지는 않아서, 여기서는 다시 다루지 않으려고 한다.

또한 방해물을 제거하거나 휴식을 취하는 방법, 회사생활을 전제로 업무적인 팁을 매우 세세하게 알려주는 경우들을 다루는 책들도 존재하지만, 이 책은 보다 넓고 고르게 다루는 것을 지향하고 있어 그런 경우들은 서술의 균형성을 해칠 수 있다는 우려에서 배제했다. 말하자면 **이 책은 시간 관리법의 개론서를 목표로 집필되었다.**

SUMMARY 1

- 시간 관리에는 크게 두 가지 흐름이 있다.
- 하나는 '해야 할 일'을 얼마나 '효율적'으로 하는가다.
- 다른 하나는 '하고 싶은 일'을 얼마나 '만족스럽게' 하는가다.
- 과거에는 일의 효율성을 추구하는 흐름이 주류였지만, 최근에는 삶의 만족을 찾는 것이 새로운 흐름으로 떠올랐다.
- 시간 관리에서 가장 중요한 것은 단계를 나누는 것이다.
- 계획-실행-점검을 나누어야 한다.
- 단계를 나누지 않으면 '무엇을 해야 할지' 고민하게 되면서 시간과 에너지를 낭비하게 된다.

제2장
완전한 자유는 완벽한 계획으로부터 나온다

01 하고 싶은 일과 해야 하는 일 정리하기

02 우선순위 정하기

03 일정 속에 배치하기

제4장
점검과 재충전도 시간 관리의 일부다

01 점검하기

02 재충전하기

시간을 다르게 써야
인생이 바뀐다

"변호사님 도대체 몸이 몇 개이신가요?"
굉장히 자주 듣는 질문 중 하나다.

나는 변호사로서 일하고
30만 구독자를 보유한 유튜브 채널을 운영하고
교육과 관련된 스타트업 회사를 경영하고
관공서, 대학교, 기업 등에서 연간 수십 회 강연을 하고
1년에 1~2편 정도의 대중서적을 쓰고

7~10권 정도의 법률강의용 교재를 쓰거나 개정하고

2주에 1권씩 책을 읽고

가끔 방송에 출연하거나 취재를 받는다.

그러나 그렇다고 하루 종일 일만 하는 것은 아니고, 친구나 동료들과 자주 만나서 맛있는 것도 먹고 술도 마신다. 좋아하는 외국 드라마는 꼭 챙겨 보고 학창시절부터 보던 만화도 여전히 즐겨 보고 있다. 영화관보다는 집을 선호하지만 어쨌거나 영화도 굉장히 자주 본다. 운동을 별로 즐기지 않지만 e-스포츠도 열심히 한다. 최신 게임은 모두 구입해서 클리어한다. 일반적인 직장인들과 같은 삶을 살고 있다.

여기에는 큰 비법이 있는 것은 아니다. 다만 다른 사람들과 다르게 머리와 몸을 나눠서 쓰는 것이 생활화되어 있고, 반드시 지켜야 할 기준 몇 가지는 어기지 않는다는 점만 차이가 있을 뿐이다. 그 몇 가지 안 되는 기준들이 지금의 나를 만들어주었다. 그 기준들은 모두 '시간'에 관한 것들이다.

반면 이런 기준들을 갖지 않은 사람들은 원하는 만큼 성과를 내지 못하거나 성과를 내더라도 완전히 만족하지 못하는 경우가 많다. 내가 그런 사람인지 아닌지 잘 모르겠다면 아래의 질문들에 답을 해보자. 체크 개수가 많다면 시간 관리에 실패하고 있는 사람일 가능성이 높다.

시간 관리 자가진단

□ 일을 해도 해도 끝난 것 같은 느낌을 받지 못한다.

□ 일은 효율적으로 하는 것보다 열심히 하는 것이 중요하다고 생각한다.

□ 자기계발 등 하고 싶은 일이 있긴 하지만, 스케줄상 당장은 할 수 없다.

□ 메일 회신이나 업무 연락으로 하루가 다 간다.

□ 야근이 생활화되어 있다.

□ 그때그때 해야 할 일을 떠올려 처리하는 편이다.

□ 어떤 일에 얼마만큼의 시간이 걸리는지 잘 모른다.

□ 일이 밀려 있다면 쉬는 것은 시간 낭비이고 그 시간에도 일을 해야 한다고 생각한다.

왜 나만 항상 시간이 모자란 것 같을까?

직장에서 동료와 같은 일을 하나 받았다. 외국 사례를 리서치하는 업무인데 쉽지만은 않다. 나는 끙끙거리며 하나를 겨우 찾았는데, 맞은편을 보니 같은 과제를 받은 동료는 보고서를 출력해서 결제판에 끼우고 있다. 오만 가지 생각이 든다. 쟤가 어느 학교를 나왔더라,부터 시작해서 외국에서 살다 온 것은 아닌지 하는 생각까지 들면 그래도 양반이다. 함께 일하는 동료에 대한 배려심이라고는 눈곱만큼도 없어 보이고 평소에 내게 보인 미소는 모두 거짓처럼 느껴진다. 갑자기 고향의 부모님 얼굴이 떠오르면서 카톡으로 손이 간다. 사회생활의 잔혹함에 퇴근 후 만날 친구들과의 단체 채팅방에 동료 욕을 한 바가지 적었다가 지운다.

분명 농땡이 부리고 있는 것은 아닌데, 왜 나는 동료보다 일을 잘하지 못할까? 왜 나는 같은 일을 하는 데 더 많은 시간이 필요할까? 다른 사람들은 회사생활과 여가생활 둘 다 놓치지 않고 즐기는 것 같은데, SNS를 보면 주말만 되면 산으로 바다로 다들 놀러가는 모습만 보이는데 나는 왜 항상 야근에 주말 근무에 지쳐갈까? 나는 왜 항상 시간이 부족하다고 느낄까?

시간 관리에 실패하는 사람들이 느끼는 가장 일반적이고 공통적인 감정이 바로 '시간이 부족한 것처럼 느껴지는 것'이다. 물론 시간 관리를 아주 잘하는 사람도 똑같은 감정을 느낄 수 있다. 그러나 그 사람은 이미 인정받을 성과나 스스로 만족할 수 있는 결과물을 충분히 만든 후에 '추가적으로' 뭔가를 더 할 시간이 부족하다고 느끼게 된 것임에 비해, 나는 애초에 해야 할 일조차 제대로 할 시간이 부족하다고 느끼고 있는 것이다. 같은 감정을 느끼고 있지만 서로의 상황이 크게 차이가 나는 것이다.

그런데 정말로 일을 잘해서, 시간 관리를 잘해서 다른 사람들에 비해 더 큰 성과를 만들었음에도 시간이 부족하다고 외치며 욕심을 내는 사람은 극소수다. 즉 대부분의 '시간 부족'은 바로 시간 관리를 실패한 결과물이라고 할 수 있는 것이다.

번번이 시간 관리에 실패하는 이유

시간 관리에 실패하는 이유는 여러 가지가 있다.

먼저 관리의 대상인 **시간 자체를 충분히 확보하지 못하는 경우**다. 내 삶의 발전과는 관계없는 일, 그저 마음이 가는 일만을 하면서 사는 경우에는 정작 해야 할 일을 위한 시간은 거의 남아 있지 않은 경우가 많다.

학창시절에 '놀건 다 놀면서 공부도 잘하는 친구들'은 사실 시간 관리의 귀재들이라고 할 수 있다. 시간은 누구에게나 공평하게 주어지기 때문에 정말로 놀 걸 다 놀면서 해야 할 것도 다할 수 있는 물리적 시간 자체가 주어지지가 않기 때문이다. 물론 성인이 되어서 직장을 가진 이후로는 정말로 자기가 하고 싶은 일만을 위해 시간을 모두 쏟아서 시간이 부족해지는 경우는 드물고, 오히려 일을 제때 다하지 못해 하고 싶은 일을 위한 시간을 따로 낼 수 없는 경우가 일반적이다. 하루하루 일에 치여서 목표로 삼은 영어공부, 독서 계획 같은 것들이 지켜지지 않는 경험들을 이미 해보지 않았는가?

다음으로는 시간은 확보했으나 **일의 우선순위를 잘못 매긴 경우**다. 여기저기서 걸려 오는 전화, 메일을 모두 처리하고 보니 이미 퇴근이 두 시간 앞으로 다가와 있다거나, 아직 퇴근시간까지는 한참 남았는데 진이 다 빠져버려 남은 일들을 할 에너지가 도무지 생기지 않는 경험들이 있을 것이다. 급한 일들을 모두 처리하고 보니 정작 중요한 것, 정말로 해야 할 일, 내일 보고하고 발표해야 하는 일은 이제부터 시작이라 집에 전화를 걸어 오늘 일찍 들어가기 힘들 것 같다며 포기하고 작정하고 밤새 일을 하는 경우도 비교적 빈번한 케이스일 것이다. 마치 대출금 이자만을 갚다가 돈이 다 사라져버리는 것처럼, 원금에 해당하는 일은 사라지지 않고 계속해서 새로운 일이 생기는 그런 상황인 것이다.

적절하게 우선순위를 매기고, 완벽한 계획을 세워 일을 처리하는 경우에도 역시 시간 부족의 문제에 봉착할 수 있다. 분명 출근할 때만 해도 오늘 일사천리로 일을 해치우는 상상을 하면서 자리에 앉았는데, 이 무거운 사무실 공기, 더 이상 웃는 모습을 보기도 어려운 일 기계가 되어 버린 동료들, 가식적으로 느껴지는 부장님의 미소 속에서 나도 모르게 휴대폰을 꺼내 인터넷이나 SNS, 유튜브를 하거나 퇴근 후에 할 일들을 생각하며 친구들과 단톡방에서 수다를 떨게 된다. 정신을 차리고 보니 시간이 휙휙 지나가버렸는데 도무지 이 유혹에서 벗어나기가 힘들다. 적절히 타협하고 '그래 원래 회사생활은 이런 거야. 이 힘든 생활 속에서 활력소가 하나쯤은 있어야지'라며 일을 하는 것인지 딴짓을 하는 것인지 알 수 없는 자신의 모습을 자조적으로 바라본 경험이 한두 번은 있을 것이다. 이처럼 **시간 관리를 방해하는 요소들을 적절히 통제하지 못한 경우**도 시간 관리에 실패하는 빈번한 예 중 하나다.

시간 관리에 실패하는 이유가 이처럼 다양하기 때문에, 단순하게 '앞으로 열심히 농땡이 피우지 말고 일을 열심히 해야겠다'라는 식의 추상적인 접근으로는 상황이 나아지지 않는다. 자신이 시간 관리에 실패하는 원인이 무엇인지를 정확히 분석하지 않으면 절대로 시간 관리를 잘할 수 없다는 뜻이다.

일 잘하는 사람의 시간은 다르게 흘러간다

일을 잘하는 사람들에게는 시간이 부족하지 않거나 부족하더라도 일을 못하는 사람과는 의미가 사뭇 다르다. 시간 관리의 측면에서 보면, **일을 잘하는 사람들에게는 큰 공통점이** 하나 있다. 바로 일의 **우선순위가 명확하다**는 것이다. 이는 쓸데없는 일에 시간을 뺏기지 않고, 하지 않아도 될 일에 시간을 뺏기지 않는 것으로도 이미 충분히 많은 시간을 확보할 수 있게 될 뿐 아니라, 정말로 시간을 쏟아야 할 중요한 일에 시간을 투자할 수 있다는 뜻이다. 당장은 급한 일들이 적게 처리되는 것처럼 느껴지고 불안할지 모르지만, 길게 보면 정말로 꾸준히, 묵묵히 처리되어야 할 일들이 해결되어 진정한 성취와 행복이 찾아오게 되는 것이다. 직장생활에서라면 나도 더 이상 다른 일 잘하는 동료나 선후배들에게 열등감을 느끼지 않고 재빠르게 일을 잘하고 상사로부터 인정받는 사람이 될 수 있는 것이다. 여가생활에 있어서도 다른 사람들이 SNS에 올리는 사진에 박탈감을 느끼며 부러워하는 것이 아니라, 내 미래를 위한 진정한 휴식과 발전의 시간을 만들고 충분히 누릴 수 있게 되는 것이다.

앞서 언급한 것처럼, 나는 꽤 많은 종류의 직업을 가지고 있다. 변호사 외에 30만 규모 채널의 유튜버, 여러 권의 책을 쓴 작가, 기업과 관공서 등에서 법률이나 공부법, 자기계발에 대해 가르치는 강연가, 직원 7명 규모 스타트업 회사의 CEO까지 네 가지 일을 더 하고 있다. 일반적인 사람이라면 한두 가지 정도 할 수 있는 일의 몇 배 정도 되는 일을 하고 있는 것이다.

나는 이렇게 살기 위해 무엇보다도 시간 관리에 많은 에너지를 쏟고 있다. 내 하루 일과는 시간 관리로 시작해서 시간 관리로 끝난다고 해도 과언이 아니라는 점도 앞서 언급하였다. 너무도 일이 많기 때문에 마치 테트리스를 하듯 시간과 일을 짜 맞추어 효율을 높이려고 애쓰고 있다. 단 1분이라도 시간이 새지 않도록 철저하게 시간의 수도꼭지를 잠그려고 노력하고 있다.

이런 나를 두고 '워커홀릭'이라고 부르는 친구들도 있지만 그것은 사실이 아니라는 점도 앞서 언급하였다. 그 과정에서 미친 듯이 일만 하는 것은 아니고, 짬을 내어 맛집을 찾아다니고 친구들, 지인들을 만나 술을 마시고 재충전을 한다. 없는 시간을 만들어서 나의 미래를 위해 책을 읽는다. 내가 무엇보다도 크게 치유를 받는 음악 듣는 시간은 하루 단 10분이라도 반드시 끼워 넣는다. 나는 시간 관리를 통해 해야 할 일뿐 아니라, 하고 싶은 일들도 남들 못지않게 해내고 있다.

업무 효율이 떨어지는 사람들 중에는 어떤 일을 해야 하는지 명확하게 정리되지 않아 실제 일을 할 때 써야 할 두뇌 공간과 에너지를 일을 떠올리고 분류하는 데 쓰는 경우도 많다. 의외로 일을 꽤 오래 한 사람들이 많이 겪는 문제인데 그동안의 경험, 속된 말로 '짬'이 있기 때문에 별다른 계획이 없더라도 하루하루 반복되는 업무 정도야 별 무리 없이 처리할 수 있을 것이라 착각하는 경우가 많다. 실제 그런 사람들은 정말 일을 하느라 시간을 쓰는 것이 아니라, '다음에 해야 할 일이 무엇인지' 생각하고 '그것이 다음에 할 일로 적합한지, 더 중요하거나 급한 일은 없는지' 끊임없이 체크하는 데 많은 시간을 쓰게 된다.

이런 안 좋은 습관을 가진 사람들은 단지 이런 일에 시간만 낭비하는 것이 아니라, 불필요한 스트레스를 받고 두뇌의 정보처리에서 부담을 받게 된다. 이는 결국 일의 효율을 떨어뜨리는 결과로 이어진다. 반면 일을 잘하는 사람들은 우선순위를 매기기 위해 할 일들부터 명확하게 정리를 해둔다.

시간 관리는 곧 인생 관리

시간 관리로 과연 이런 일들이 일어날 수 있을 것인지 의아해하는 사람들도 많이 있을 것이다. 하지만 시간 관리는 단순히 일을 빠르게 처리하는 것이 아니다. **시간 관리란 내가 내게 주어진 시간에 대해 주도권을 가지고 최고의 아웃풋을 만들어내는 것으로 시간 관리는 곧 인생 관리**에 해당한다. 이는 시간 관리의 전문가는 바로 인생 관리의 전문가에 해당한다는 의미를 담는다. 인생 관리를 전문적으로 잘하는 사람이 일의 효율이나 스스로 충분한 만족감을 얻는 것은 당연한 일이라고 할 수 있지 않을까?

시간 관리책이니 '시간 관리=인생 관리'라는 등식으로 억지로 설명을 하려는 것이 아니다. 인생에는 엄청나게 많은 요소들이 관여하므로 단순히 시간이라는 측면으로만 설명하기에는 너무도 광범하고 복잡하다고 생각할 수도 있을 것이다. 그러나 사람의 인생은, 대략적으로 80세까지 산다고 치면 약 4,160주를 살아가는 것이라고 할 수 있다. 복잡한 것일수록 나누어 단순하게 만들어보면 그 핵심을 쉽게 알 수 있다. 즉 인생 관리는 결국 4,160주의 시간을 관리하는 것이라고 할 수 있는 것이다. 길고 복잡할 것 같았던 사람의 삶은 실제로는 이처럼 결코 길지 않은 시간의 합에 불과하다. 내가 대충대충 또는 불만족스럽게 보낸 한 주의 시간이 실은 내 인생의 4,160조각 중 하나였다고 생각한다면, '시간 관리=인생 관리'라는 말에 어렵지 않게 수긍할 수 있을 것이고, 종전과는 다르게 시간 관리를 해야겠다는, 어쩌면 비장한 마음까지도 들 것이다.

시간 관리가 주는 혜택들

시간 관리는 곧 인생 관리이므로, 제대로 된 시간 관리는 우리 인생에 굉장히 많은 혜택을 안겨준다.

먼저 시간 관리는 무엇보다도 뒤죽박죽된 하루를 정리하는 최고의 방법이다. 항상 뭔가에 끌려가듯, 주어진 일만 처리하며 시간을 보내고 일과 여가가 모두 회색빛처럼 느껴진 경험이 있을 것이다. 시간 관리를 통해 내가 시간에 대해 주도권을 가지고 능동적으로 구역을 나누고 일을 배치하고 거기서 어떤 이익과 불이익을 얻을 것인지를 계산할 수 있게 된다면, 단순히 계획표가 깨끗해지는 것에 그치는 것이 아니라, 머릿속이 깨끗해진다. 뒤죽박죽된 하루, 뒤죽박죽된 생각들이 정리되기 시작하는 것이다. 해야 할 일이 명료해진다는 것은 곧 그 일에 집중을 할 수 있게 된다는 의미이고, 어느 하나의 일에 집중을 할 수 있다는 것은 그 일로 인한 성과와 만족을 느낄 수 있다는 것으로 이어진다. 뒤죽박죽된 하루 속에서는 만족을 느낄 수 없지만, 정돈된 하루는 내게 큰 만족을 준다.

나아가 **시간 관리는 하루를 완전하게 살게 해주는 기술이다.** 돈은 모을수록 좋지만, 시간은 사용할수록 좋다. 수중의 돈을 모조리 다 쓰는 사람은 있을 수 있지만, 수중의 시간을 모조리 다 쓰는 사람은 좀처럼 흔치 않다. 24시간이 아니라 1,440분(24시간×60분)의 시간을 1분도 허투루 쓰지 않고 알차게 쓰는 사람이 누가 있을지 생각해보라. 아마 쉽게 떠오르지 않을 것이다. 그러나 시간 관리법을 익힌 이후에는 먼저 깨어 있는 시간 중에서 버려지는 시간, 예를 들면 어느 한 가지 일을 끝낸 후 다음 일을 하기 전까지 '붕 뜨는 시간', 아무 생각 없이 관성적으로 낭비하고 있는 무의미한 시간, 오히려 일이나 휴식을 방해하는 시간을 온전히 일이나 나의 발전을 위해 사용할 수 있게 된다. 뿐만 아니라, 심지어 자는 시간까지도 해야 할 일 또는 하고 싶은 일을 위해 사용할 수 있게 된다. 이는 의식이 그 시간 동안 활동을 한다는 의미가 아니라, 그 '틈'조차 앞서의 일의 결과와 다음 날 할 일을 뇌에 각인시키는 시간으로 새롭게 의미부여 할 수 있다는 의미다.

생각을 깔끔하게 정리하고 하루 1,440분의 시간을 허투루 쓰지 않는다면, 그것이 바로 현재를 누구보다도 잘 사는 방법이라고 할 수 있다. 언제나 집중해야 할 일이 명확하기 때문에 일에 있어 결과가 나오지 않을 수 없기 때문이다. 물론 어떤 일이라는 것은 내 노력이나 방법과는 별개로 재능을 포함한 운도 개입을 하기 때문에 반드시 그 '결과'가 '성공'을 의미하는 것은 아니다. 여기서 말하는 '결과'라는 것은 내가 할 수 있는 한도 내에서의 최선의 결과를 말한다. 진정으로 노력한 사람은 결과에 대해서는 초탈하게 된다. 사람이 할 수 있는 최대의 노력이란 결과를 만들 수 있는 또는 받을 수 있는 상태를 만드는 것이고 직접 어떤 확률(운)을 높이거나 할 수는 없는 것이기 때문이다. 할 수 있는 모든 것을 다한 사람은 결국 일의 결과와 관계없이 그 과정 자체에 대한 최대치의 만족감을 얻게 된다.

성공한 사람들의 공통적인 습관 중 적절한 시간 관리가 빠지지 않는다. 구체적인 방법이나 스킬을 다를 수 있지만, 앞서 설명한 바와 같이 시간 관리가 곧 내게 주어진 약 4,160주의 시간을 관리하는 것, 즉 인생 관리라고 본다면 왜 성공하는 사람들이 시간 관리를 잘하는지도 쉽게 이해할 수 있을 것이다. 이를 뒤집어본다면, 결국 내가 원하는 꿈을 이루고 행복에 도달하기 위해서는, 성공하기 위해서는 시간 관리를 잘하는 것은 필수라고 할 수 있다.

인생을 바꾸고 싶다면, 현재를 제대로 살자

나는 인생에는 항상 현재만이 존재한다는 생각으로 살고 있다. 과거나 미래와 같은 것은 없다고 생각한다.

먼저 과거는 내가 현재를 살 수 있는 적절한 방법을 알 수 있게 해주

는 '경험'에 불과한 것일 뿐, 실제 존재하는 것은 아니라고 생각한다. **이미 지나간 시간에 지나치게 많이 영향을 받아서는 안 된다.** 우리가 할 수 있는 최선의, 최대한도의 일은 지나간 시간을 되돌리는 것이 아니다. 그 속에서 현재를 보다 유의미하고 바람직한 방향으로 바꿀 수 있는 교훈을 얻는 것뿐이다. 그렇다면 과거는 '지나간 현재'가 아니라 단지 내 인생의 좋은 선생님 정도에 불과한 것이다. 이렇게 보면 시간 관리에 있어 과거 관리는 현재에 좋은 영향을 주는 경험만을 추리고 그로부터 교훈을 얻는 것이라고 할 수 있다. 종종 어릴 때의 안 좋은 경험, 특히 다른 사람과 비교당하였거나 스스로 다른 사람에게 열등감을 느꼈다거나 경쟁으로부터 도망친 경험을 가진 사람들이 그 과거의 경험으로부터 부정적인 영향을 지나치게 많이 받는 경우를 볼 수 있지만, 그것은 영원히 벗어날 수 없는 트라우마가 아니다. 단지 내가 적절히 멀리하고 또는 의식적으로 기억에서 떨쳐냄으로써 현재에 부정적인 영향을 미치지 않도록 관리를 해야 하는 대상에 불과할 뿐인 것이다.

  미래도 마찬가지다. 나는 물론 긍정적인 밝은 미래를 꿈꾸긴 하지만, 그에 지나치게 기대거나 꿈에 취하지 않는다. 미래라는 것은 현재가 이어진 결과물에 그칠 뿐, 정말로 실존해서 내가 그곳을 향해 다가갈 수 있다거나 할 수 있는 것은 아니라고 생각한다. 내 미래는 밝으면 좋겠다고 희망하지만, 그 절대적인 조건은 내가 만들어내는, 살아가는 **현재가 좌우한다**고 생각한다. 미래라는 것은 말하자면 현재가 쌓여나가는 것에 불과하다고 생각하는 것이다. 결국 미래는 동기부여를 위한 가치만을 가질 뿐이다. 힘들고 어려운 일을 겪으면 사람은 꺾이기 마련이지만, 내 '미래'를 생각함으로써 버틸 수 있는 것이다.

결국 어느 경우나 현재를 어떻게 살아가는지가 가장 중요하다. 바꿀 수 없는 과거를 생각하며 후회하거나 한탄하는 것보다, 아무런 근거 없이 장밋빛 미래만을 꿈꾸며 취생몽사하는 것보다, 처절하고 치밀하게 현재를 살아가는 것이 무엇보다도 중요하다. 그리고 그 과정에서 누구에게나 공평하게 주어진 자원인 시간을 어떻게 쓸 것인지에 따라 삶의 질이 달라진다는 점도 자명하다.

제2장

완전한 자유는
완벽한 계획으로부터
나온다

하고 싶은 일과
해야 하는 일 정리하기

시간 관리에 대해 생각하는 순서

시간 관리에 대한 이미지　시간 관리를 한다고 해도 어디서부터 시작해야 할지 막막한 경우가 많다. 이럴 때는 시간 관리에 대한 나름의 이미지를 만들어두는 것이 도움이 된다.

머릿속에 '시간'이라는 방이 하나 있다고 생각을 해보자. 이 방은 누구한테나 똑같은 크기, 똑같은 모양으로 주어지는 방이다. 그런데 이 방을 꾸미는 것은 내가 해야 할 일이다. 어떤 책상을 놓고 어떤 화병을 놓을지, 어떤 향기가 나는 방으로 만들지는 내 방을 꾸미는 실력에 따라 달라진다.

시작부터 어려운 얘기를 한다고 할지도 모르겠다. 그렇다면 달력이나 다이어리를 떠올려보자. 달력이나 다이어리의 빈칸들에 이번 달에 해야 할 일들이나 약속 같은 것을 적어놓고 있지 않은가? 여기서 달력이나 다이어리는 시간을 눈으로 볼 수 있게 만들어둔 것이고, 내가 그 **달력 또는 다이어리 속에 일정을 써 넣는 것이 바로 시간이라는 공간 속에 '일'이라는 물건을 배치하는 것이다.** 시간은 누구에게나 동일하게 주어져 있기 때문에 결국 일을 어떻게 배치할 것인지가 시간 관리의 성패를 좌우하는 요소가 된다고 할 수 있다.

시간 관리가 어려운 이유 시간 관리가 어려운 이유는 이 '시간'이라는 방에 대체 어떤 물건을 가져다 두어야 방이 아름다우면서도 내가 활동하기 편한 효율적인 공간으로 될 수 있는지를 모르기 때문이다. 그저 머릿속에 떠오르는 일들을 마구 배치하는 경우도 있고, 컨디션에 따라 해야 할 일들을 까먹은 채 엉성하게 배치를 하기도 한다. 일을 배치하면서 무엇이 효율적인지에 대해서 크게 생각을 하지 않기 때문에 실행단계에 들어가서야 다시 일을 재배치하는 경우도 매우 흔하다. 이 모두가 시간 관리에 실패하는 이유이자 시간 관리를 어렵게 만드는 이유가 된다.

한편 이는 '사람의 기억력'과도 관계가 있다. 시간 관리에 실패하는 이유는 정말로 내가 방을 예쁘게 꾸미는 법을 모르기 때문일 수도 있지만, 많은 경우에는 한 번에 너무 많은 일을 동시에 생각하기 때문일 수도 있다. 최근 연구에 따르면 사람이 한 번에 생각할 수 있는 것의 개수는 최대 3~4개를 넘지 못한다고 한다. 여기서 주목해야 할 부분은 '최대'이다. 사람이 항상 3~4개의 생각을 동시에 하면서 살아가는 것이 일반적인 것은 아니라는 점이다.

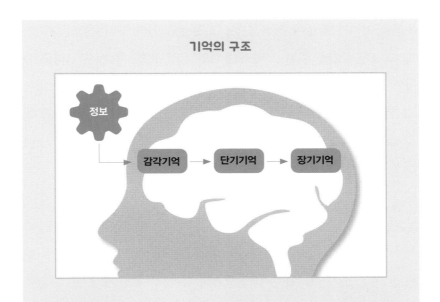

사람은 3단계를 거쳐 기억을 한다. 첫 번째는 감각기억, 두 번째는 단기기억(또는 작업기억), 세 번째는 장기기억이다. 예를 들어 고양이를 보았을 때 고양이의 형상이 시각(눈)을 통해 뇌의 감각기억으로 전달된다. 그리고 이것을 기억할지 망각할지를 결정하는 작업이 단기기억에서 이루어진다. 여기서 외우겠다고 마음을 먹고 적절한 암

기법을 사용하면 단기기억 속의 정보, 즉 고양이의 색깔, 크기, 모습, 고양이를 본 장소, 시간 등이 장기기억에 저장된다.

감각기억은 1~4초 정도의 짧은 시간 동안 정보를 저장하지만 기억할 수 있는 정보의 양에는 제한이 없고, 단기기억은 수십 초에서 몇 분 정도의 정보와 3~4개 정도의 정보만을(과거에는 7±2개), 장기기억은 영구적으로 무제한의 정보를 저장한다고 알려져 있다.

'시간'이라는 방을 꾸미는 것으로 바꾸어 생각을 해보면, 방에 어떤 물건을 가져다 놓을지 정하는 것, 그 물건을 어디에 배치할지 정하는 것, 그렇게 물건을 놓았을 때 효율적인지 생각하는 것까지만 해도 벌써 세 가지다. 우리에게 익숙한, 손으로 만질 수 있고 눈으로 볼 수 있는 '진짜 내 방'을 꾸미는 것은 이러한 과정들을 다 생각해서 한 번에 할 수 있지만, '시간'이라는 방을 꾸미는 것은 아직 익숙한 일이 아니기 때문에 이 과정들을 한 번에 다하기는 어렵다.

단계를 나누는 습관

그렇기 때문에 비단 시간 관리뿐 아니라, 익숙하지 않은 일을 할 때에는 항상 단계를 나누어 한 번에 한 가지 일만 처리하는 것이 중요하다. '사람이 한 번에 할 수 있는 일의 개수가 3~4개라며? 그럼 나도 3~4개까지는 거뜬하지'라고 생각하지 말고, **항상 한 번에 하는 일의 개수는 1개로 만드는 습관을 가지자.** 이는 집중력과도 큰 연관이 있고, 효율적으로 일을 처리하는 조직 체계가 가지고 있는 공통점이기도 하다.

단계를 나누는 것과 집중력의 관계

집중력이 지금 하고 있는 일에 대해 정신을 쏟을 수 있는 상태라고 정의한다면, 특별히 약물적 치료가 필요한 경우가 아니라면 대부분의 사람의 집중력은 비슷하다. 다만 '아, 더 이상 못하겠다!'라고 느낄 때 다른 사람보다 고통을 조금 더 견딜 수 있는 인내심을 더 가지고 있는 사람이 있을 뿐이다. 그 외에 집중력이 좋지 않다고 생각이 드는 경우는 격한 운동 뒤라든지 육체적 피로가 쌓여서 온전히 일을 할 수 없는 때를 제외한다면, 모두 실은 지금 무엇을 해야 하는지를 명확하게 알지 못하는 경우다. 즉 대부분의 경우에 집중력이 좋지 못하다는 것은 목표가 뚜렷하지 않다는 것을 의미한다. 그렇기 때문에 일을 반드시 세부적으로 단계를 나누어 '내가 현재 하고 있는 일이 무엇인지'를 명확하게 만드는 것이 매우 중요하다. 이것이 집중을 위한 최대조건에 해당한다.

다니고 있는 회사를 한번 떠올려보자. 기획부서에서 여러 가지 아이디어들을 모으고 인력과 자원, 일정을 조정해서 계획을 수립하면 각 주무부서가 해당 업무를 구체적으로 처리하는 것을 떠올려보면 이해가 쉽다. 그리고 한 부서 내에서도 직급에 따라 서로 해야 할 일들이 업무분장표 등을 통해 모두에게 공유되고 있을 것이다. 이 역시 비슷한 일들을 모아 각자에게 처리하도록 함으로써 일의 효율성을 높이고자 하는 것이다.

시간 관리로 바꾸어 생각해보면, 어떤 일을 해야 하는지의 문제와 그것이 꼭 필요한 일인지의 문제, 그것을 언제 배치할 것인지의 문제, 그렇게 일을 했을 때 어떻게 진행될지를 상상해보는 문제, 만약 그런 상상 속에서 문제가 발생했을 때 어떻게 수정할 것인지의 문제는 모두 구별되어야 하고 한 번에 하나씩만 생각해서 처리하는 것이 효율적이다.

예를 들어, '이번 주 목요일 오후 7시에 친구를 만나면 그다음 날 아침까지 보고하기로 한 것을 다할 수는 있을까? 그럼 당겨서 약속을 6시로 잡아야 할까? 지금 굉장히 지쳐 있고 일 하기 싫은 상황인데 그냥 친구를 만나는 게 더 좋은 일이지 않을까?' 이런 식으로 생각을 하는 것이 일반적인데, 이것은 시작부터 시간을 잘못 쓰고 있는 것이다. 이런 생각의 실타래 속에서 이미 많은 에너지와 시간을 낭비하고 있는 것이기 때문이다.

떠오르는 일을 모두 적어보기

하고 싶은 일과   시간 관리의 첫 단계는 일단 빈 종이를 펼치거나
해야 하는 일   스마트폰의 메모장 등을 열어서 머릿속에 떠오르는 일들을 모두 적어보는 것이다. 당장 생각나는 것은 이번 주의 약속, 주말 결혼식, 피하고 싶지만 피할 수 없는 업무상 미팅, 필라테스나 요가, 헬스장을 가는 일정 정도가 있을 것이다. 떠오르는 일들은 크게 '하고 싶은 일'과 '해야 하는 일'로 구별된다.

예시 계획(이윤규)

- 오후 3시 △△△ 대표 미팅
- 우치하 다카시 민법 책 번역
- ~오후 9시 반 ZOOM 특강 준비
- ~오후 10시 ZOOM 특강
- 유튜브 공부법 아이디어 취합
- 희망프로젝트 △△△님 편 촬영
- 형법 강의 촬영 준비
- 《전쟁론》 읽기
- 헌법 중요판례 분류 정리
- 〈터미네이터: 미래전쟁의 시작〉 보기
- 가족법 서술 다듬기

만다라트 계획표

적은 것들을 보니 조금 숨이 막히지 않는가? 해야 할 일들은 잔뜩 적었는데 의외로 하고 싶은 일들은 별로 적혀 있지 않다. 눈앞에 있는 달력 또는 스마트폰의 달력 어플을 보아도 마찬가지다. 해야 할 것들만 잔뜩 보인다. 하고 싶은 일들은 애초에 떠올리지도 않았고, 새삼 생각을 해봐도 잘 떠오르지도 않을 것이다. 해야 할 일들이라도 적혔다면 그래도 좋다. 몸의 관성에 따라 하루하루를 살아온 경우라면 해야 할 일이 무엇인지조차 명확하지 않은 경우도 많다. 그런 경우에는 지금부터 시간 관리를 하자며 책을 보면서 뭔가를 적어보기로 마음을 먹었는데 막상 생각을 해보니 아무것도 떠오르지 않는 경우도 있을 것이다.

이럴 때는 **생각을 할 수 있는 힌트를 주는 것이 좋다.** 그냥 '생각나는 모든 것을 적어보세요'가 아니라, 'OO에 대해 적어보세요'라고 할 때 더 생각이 잘 난다. 시간 관리는 ①해야 할 일이 너무 많은데 그것을 한정된 시간 내에 어떻게 효율적으로 처리할지, ②해야 하는 일과 하고 싶은 일을 어떻게 배분해야 할지, ③하고 싶은 일이 많을 때 어떤 비중으로 해야 할지의 문제를 다루는 것이고, 이런 측면에서는 시간 관리는 결국 '해야 하는 일'과 '하고 싶은 일'을 어떻게 조합하고 배치하는지의 문제다.

스스로에게 힌트를 주고 생각을 이끌어내는 좋은 방법으로 '만다라트 계획표'가 있다. 몇몇 정해진 일정, 해야 할 일 외에는 그다지 떠오르는 게 없다고 하는 사람들에게는 만다라트 계획표를 만들어볼 것을 권한다. 앞서 설명한 것처럼 생각을 할 때는 항상 단계를 나누어서 하는 것이 효율적인데 그 구체적인 예시 중 하나이기도 하다.

방법은 간단하다.

①일단 빈 종이를 준비하거나 컴퓨터의 그림판, 포토샵, PPT, 엑셀 같은 프로그램을 열어보자. 그리고 3×3 크기의 정육면체를 하나 그리고 가운데에 '하고 싶은 일'이라고 적어보자.

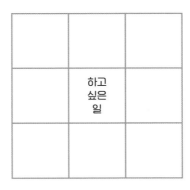

	하고 싶은 일	

②나머지 8칸에 하고 싶은 일과 관련해서 떠오르는 생각들을 적어
보자. 떠오르는 무엇이든 모두 적어보는 것이 중요하다. 다시 한 번 얘
기하지만 '이게 될까?' '아냐, 급한 건 아니지' '에이, 내가 어떻게'와 같
은 생각이 들더라도 무시하고 일단은 다 적어보자.

등산	영어	운동
강연	하고 싶은 일	먹기
유튜브	법학 강의	음악 듣기

③그 네모를 중심으로 보고 다시 3×3 크기의 정육면체를 그린 후에
가운데 칸에 금방 떠올렸던 말들을 한 칸씩 적는다. 그리고 다시 그와

관련된 것들, 조금 더 구체적인 생각들을 적어 넣는다. 만다라트 계획표에 대해 찾아보면 빈칸들은 가운데 적은 말을 실행하기 위한 세부목표로 채워야 한다는 설명들이 나올 것이다. 그런데 처음부터 그렇게 생각을 제한하지 말고, 일단은 떠오르는 것만 적는 연습을 해보자. 생각을 다듬는 방법은 뒤에서 다시 볼 것이기 때문이다.

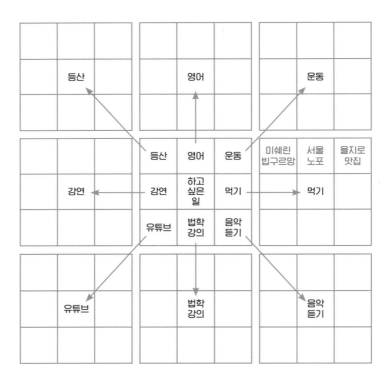

갑자기 떠오르는 생각도 버리면 안 된다

어느 일에 있어서나 순간적으로 떠오르는 생각들을 기록하는 것은 매우 중요하다. 사람의 기억력에는 한계가 있기 때문이다. 수첩을 들고 다니는 사람이라면 수첩을 펼쳐 맨 뒷장에 그런 생각들을 적어보자(앞 장에는 통상 일정 등을 기입하기 때문이다). 스마트폰이나 디지털 기기를 들고 다니는 사람이라면 기기의 첫 번째 페이지를 메모어플로 시작해보자. 어떤 사람들은 '아쿠아노트'라고 하여 샤워 중에도 쓸 수 있는 방수 노트를 쓰기도 한다. 어느 도구를 쓰든 어느 상황에서나 가장 빠르고 간편하게 머릿속에 떠오르는 생각을 적을 준비가 되어 있어야 한다. 그래야 종전의 과정에서 놓쳤거나, 향후 과정에서 필요한 아이디어나 기억, 정보들을 빠뜨리지 않을 수 있다.

미래 목표에서 현재로 거꾸로 거슬러 오라

미래를 향한 계획
현재로 오는 계획

이렇게 하고 싶은 일들을 쭉 적고 보니 어떤가? 여느 때의 다짐보다 그 개수가 조금 늘어난 것에 지나지 않는가? 그렇다면 혹시 나는 '미래를 향한 계획'과 '현재로 오는 계획'을 구별하지 못하고 있는 것은 아닌지 생각해볼 필요가 있다.

무언가를 계획할 때 **항상 작심삼일을 넘지 못하고 다짐으로만 끝나는 가장 큰 이유는 그 계획이 막연하기 때문이다.** 계획이 막연할 경우에는 무엇을 해야 할지 모르기 때문에 집중을 할 수 없다는 문제도 있지만, 대부분 그보다 앞서 동기부여 자체에서 실패를 하게 된다. 기왕 계획을 세웠으니 하루 이틀은 할 수 있지만, 그 이상으로 동기부여가 되거나 의욕이 생기지는 않는다. 이는 일의 난이도가 동기나 의욕에 큰 영향을 미치기 때문이다. 연구 결과에 따르면 **일의 난이도가 '적당히 어려우면서 도전할 만한 정도'일 때 사람의 성취동기는 최고치가 되는** 데, 계획 자체가 막연하다는 것은 도대체 구체적으로 무엇을 해야 할지 모른다는 의미이고, 이것은 다르게 말하면 어느 정도로 노력을 해야 이 일이 해결되고 목표가 달성되는지 그 난이도를 가늠할 수가 없다는 의미이기도 하기 때문이다.

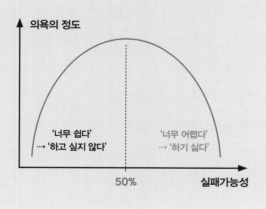

성취동기이론

인지심리학자인 리처드 앳킨슨에 의하면, 일의 난이도와 동기 내지 의욕은 상관관계에 있다고 한다. 일의 난이도가 너무 낮은 경우나 너무 높은 경우는 동기부여가 잘 되지 않고, 적절하게 높은 경우에는 최고치의 동기를 갖는다는 이론이다.

의욕의 정도

'너무 쉽다'
…→ '하고 싶지 않다'

'너무 어렵다'
…→ '하기 싫다'

50%

실패가능성

그렇기 때문에 **계획을 세울 때는 반드시 미래에 달성할 목표를 구체적으로 세운 후에 현재로 거슬러 올라와 지금 해야 할 것을 생각해야 한다.** 즉 현재에서 미래로 계획을 세우는 것이 아니라, 미래에서 현재로 되돌아오는 방식으로 계획을 세우는 것이다.

　예를 하나 들어보자. 새해 목표로 '1년간 책을 많이 읽겠어'라고 계획을 세우는 사람과 '1년간 12권의 책을 읽겠어'라고 계획을 세우는 사람이 있다고 해보자. ①단순히 책을 '많이' 읽겠다고 계획을 세운 사람은 처음에는 책을 열심히 읽지만 어느 순간 힘든 일이 있거나 귀찮다는 생각이 들면 '그래, 이 정도면 많이 읽었지'라고 생각을 하며 책 읽기를 중단하게 되거나 간헐적으로 읽게 되고, 결국 다음 해가 오면 다시 새해 계획으로 책을 많이 읽자는 계획을 세우게 된다. 물론 계획을 수행하는 과정에서 목표를 세분화해서 실행하는 경우도 있겠지만, 지금 예로 드는 것은 그러한 경우는 아니다. ②반면 구체적으로 책을 1년간 12권을 읽겠다는 계획을 세운 사람은 한 달에 최소 1권을 읽는다는 계획을 세우게 될 것이고, 평균 200페이지 정도 분량의 책을 읽는다고 한다면 일주일에 최소 50페이지, 하루 평균 최소 7~8페이지를 읽는다는 구체적인 계획을 갖게 된다. 여러 번 반복했지만, 구체적인 계획이 구체적인 동기와 실행력을 이끌어낸다. 오늘 하루의 계획으로 단순히 '많이 읽자'는 사람과 '8페이지만 읽자'는 사람은 동기부여와 집중력에서 엄청난 차이를 갖게 된다.

장기계획과 단기계획   그렇다면 구체적으로 미래에서 현재로 오는 계획은 어떻게 세워야 할까? 앞서 예시를 들었지만 핵심은 **목표숫자와 데드라인**이다. 이 중에서 '숫자로 바꾸어 표현할 수 있다'는 부분에 대해서는 항목을 바꿔서 자세히 보기로 하고, 여기서는 전반적인 계획을 세우는 부분에 대해서만 설명을 하기로 한다.

먼저 **내가 원하는 목표 또는 결과**를 떠올린다. 그리고 그것을 **숫자와 관련된 것으로 바꾸어 표현해본다.** 한 번에 구체적인 생각이 나오지 않는다면 종이를 꺼내서 직접 적어보면서 구체화하는 것이 좋다. 그리고 그 목표를 언제까지 할 것인지 정한다. 막연하게 '하자'가 아니라, 매일 할 것인지, 매일 한다면 얼마나 할 것인지, 매일 하지 않는다면 언제까지 할 것인지를 정하는 것이다. 책 12권 읽기, 매일 오전 6시에 일어나기, 매일 저녁 퇴근 후 홈트레이닝 30분 하기, 하루 공부 1시간 하기, 책 1장 필사하기, 하루 스쿼트 100개 하기, 하루 6잔 물 마시기 같은 것들이 일반적으로 생각하는 것들이다.

이렇게 계획을 세우고 보면 하루 단위로 움직이는 계획과 몇 주 또는 몇 달에 걸쳐서 움직이는 계획이 있다는 것을 알 수 있을 것이다. 어디서 개념을 정해둔 것은 아니지만, 나는 하루 단위 또는 그보다 적은 시간, 분 단위의 계획을 '단기계획'이라고 부르고, 주, 달, 년으로 넘어가는 계획을 '장기계획'이라고 부르고 있다. 단기계획을 세운 경우는 별도로 장기계획을 또 세울 필요가 없지만 **장기계획을 세웠을 때는 반드시 세분화된 단기계획을 세워줘야 한다.** 앞서 1년에 책 12권 읽기라는 장기계획을 하루에 8페이지 읽기라는 단기계획으로 바꾼 것이 그 예다. 단기계획만을 세운 경우와 달리 장기계획도 세운 경우에는 단기계획과는 구별되는 별도의 계획표를 만들어야 한다는 점도 기억해두자. 다만 거창하게 만드는 것은 아니고, 일단은 종이 한 장에 구별되게 적어두는 것으로 충분하다.

장기계획표

2022. 04	일	월	화	수	목	금	토
						1	2
	3	4	5	6	7	8	9
	10	11	12	13	14	15	16
	17	18	19	20	21	22	23
	24	25	26	27	28	29	30

단기계획표

시간	할 일
09:30~10:30	
10:30~11:30	
11:30~12:30	
12:30~13:30	
13:30~14:30	
14:30~15:30	
15:30~16:30	
16:30~17:30	
17:30~18:30	

다짐과 계획을 구별하라

계획의
수치화
　　내가 세운 계획들이 정말 계획이 아니라 단지 다짐으로
만 끝나는 가장 큰 이유는 그 계획들을 구체적인 숫자
로 바꾸어 표현할 수가 없기 때문이라는 점은 앞서 설명을 했다. 무엇
을 어느 정도로 해야 하는지를 도무지 알 수 없기 때문에 의욕 자체
가 좌절되는 것이다. 이처럼 계획을 숫자와 관련된 것으로 바꾸는 것

을 '수치화'라고 한다. 영어로는 이것을 'Measurable'이라고 하는데, 구글이 세계적인 기업이 되기까지 가장 큰 동력이 되었다고 평가받는 'OKR(Objectives and Key Results)'의 핵심적인 요소가 바로 이 수치화다.

OKR

OKR이란 'Objectives and Key Results'의 줄임말로 구글이 사용하는 성과 관리 방식의 이름이다. Objectives는 목적을 의미하고, Key Results는 핵심성과를 의미한다. 목적은 추상적이어도 괜찮지만, 핵심성과는 수치화가 가능해야 한다. 그리고 용어 자체에서는 생략되어 있지만 이 수치화된 핵심성과를 평가하는 과정을 거쳐 자체적으로 평점을 매기고 이러한 OKR의 전 과정이 다른 직원들과 함께 공유된다.

Objectives	Key Results	Grade
MSTI 페이지 오픈	• 기획, 구성, 디자인(~12.17.) ※ 기획, 구성 등 협업 : OOO 이사 ※ 개발 : OOO(~12.31.) • 오픈(~1.15.)	
법학교재 출간	• 판례 등 내용정리(~1.2.) • 촬영(~1.15.) ※ 촬영장소 : OOO 스튜디오 • 페이지 정리 및 오픈(~1.31.) ※ 출간 관련 협업 : OOO, OOO	

계획의 구체화 | 한편 수치화가 가능하다고 하더라도 내가 현재 구체적으로 해야 할 일이 무엇인지 모르는 경우에도 집중력을 잃

고 해야 할 일이 무엇인지를 생각하는 데 시간과 에너지를 낭비하게 된다. 따라서 일을 잘게 나누어 현재 할 것을 분명하게 만들지 못하는 것도 계획이 다짐으로만 끝나는 이유 중 하나가 된다. 이와 같이 일을 잘게 나누어서 구체적으로 만드는 것을 '구체화'라고 한다.

묶어서 생각하는 습관의 중요성

어떻게 보면 당연한 말을 하는 것처럼 느껴지기도 하겠지만, 시간 관리의 핵심 중 하나는 내가 본능적으로 해왔던 것을 이성적으로 컨트롤 하는 것에 있다. 앞서 설명한 것처럼 사람은 한 번에 최대 3~4개 정도를 생각할 수 있는데, 만약 내가 보고 들은 모든 것이 머릿속에 남아 있다고 한다면, 즉 하루 종일 머리가 생각으로 가득 차 있다고 한다면 얼마나 괴로울지 상상해보자. 그렇게 머리가 생각으로 가득 차서 제대로 돌아가지 않는 상태를 '인지과부화'라고 하는데, 우리의 뇌는 자체적으로 그런 상황을 막기 위해 적절한 숫자의 정보만을 처리하고 나머지는 잊어버리는 체계를 가지고 있는 것이다.

이런 점에서 우리는 여러 가지 정보들을 무의식적으로 묶어서 생각하는 습관을 가지고 있다고 할 수도 있는데(이를 '청킹(Chunking)'이라고 한다), 시간 관리는 나도 모르는 습관들을 의식적으로 컨트롤 하는 것이라고도 할 수 있다.

수치화와 구체화를 하는 이유

수치화와 구체화가 되지 않은 계획은 앞서 설명한 것처럼 동기부여나 실행과정에서의 집중력 부분에서도 문제가 있지만, 계획이 실패하거나 성과가 나지 않았을 때 어떤 원인 때문에 실패를 하였는지, 그리고 계획을 어떻게 수정했을 때 원인을 해결하고 좋은 결과를 만들 수 있는지 알기 어렵다는 점, 즉 피드백 부분에서도 문제가 있다.

일반적인 계획

'일을 열심히 해야지'
'영어공부 제대로 한번 해봐야지'
'공부를 열심히 해야지'
'학원 커리큘럼대로 따라가야지'
'이번 달에는 한국사 강의를 다 들어야지'

언제 무엇을 어떻게 해야 할지 전혀 알 수가 없다

1년에 12권의 책을 읽기로 한 사람이 10권밖에 읽지 못하였을 때에는 먼저 한 달에 읽은 책의 숫자를 세게 될 것이고, 그것이 집중력의 문제였는지 시간 부족의 문제였는지를 생각하게 될 것이다. 그리고 다시 계획을 세울 때는 시간을 조금 더 많이 확보하는 방향으로 계획을 수정하여 세울지, 집중력을 더 높일 수 있는 방향으로 계획을 수정하여 세울지 정할 수 있다.

그러나 단순히 1년간 책을 많이 읽자고 계획을 세운 사람의 경우에는 마음속으로 세운 기준에 미달하는 양의 책을 읽었다고 하더라도 대체 어디서부터 잘못됐는지, 무엇을 고쳐야 목표를 달성할 수 있는지를 분석하는 데 굉장히 오랜 시간이 걸리게 된다.

나아가 수치화와 구체화가 되지 않은 계획은 좌절감으로 연결된다는 점에서도 문제가 있다. 수치화되지 않고 구체적이지 않은 계획은 장차 이렇게 하고 싶다는 '다짐'에 불과한데, 그런 다짐은 아무리 좋은 의도에서 시작되었다고 하더라도 어느 정도로 어떻게 해야 달성할 수 있는지에 대해서는 크게 생각한 것이 없기 때문에 결국 이루어지는 것이 별로 없게 된다. 그 결과 **다른 사람보다 더 경건하고 강하게 다짐을 한 사람이 더욱 큰 좌절감을 맛보게 된다.** '나는 새해에는 정말 열심히 책을 읽을 거야'라고 생각한 사람과 '새해에 책 몇 권 읽어두면 좋겠다'라고 생각한 사람이 그 목적을 달성하고자 하는 수단이나 방법을 생각해두지는 않았다는 점에서는 별 차이가 없는 것이다. 다짐이라는 것은 수치화되고 구체적인 계획이 존재할 때 그것을 어느 정도의 강도와 끈기로 지속시킬 수 있는지를 결정하는 것, 말하자면 시간 관리의 에너지 내지는 동력에 불과하고, 수단이나 방법이 될 수는 없기 때문이다. 이런 잘못이 반복되면 나도 모르게 무기력함을 학습하게 된다.

SMART 원칙 이런 문제점들을 수정하면서, 앞의 '미래에서 현재로 오는 계획'에서 설명한 원칙들을 모두 포괄하여 계획을 세우는 방법이 있다. 바로 'SMART 원칙'이다. SMART 원칙이란 목표 내지 계획은 ①구체적이고(Specific) ②수치화가 가능하여(Measurable) **③그 계획의 달성 여부를 쉽게 알 수 있어야 하며(Achievable) ④비현실적이지 않고(Realistic) ⑤기한이 존재해야 한다(Time-bound)**는 것이다. 설명한 부분 중 ①, ②, ③, ⑤는 쉽게 이해가 될 것이다. ④는 책을 읽는 경우를 예로 든다면 너무 의욕이 넘쳐 1년에 200권 읽기와 같이 비현실적인 목표를 설정하지 말라는 의미다.

다만 SMART 원칙은 비록 '원칙'이라고 표현을 썼지만, 앞서 본 만다라트 계획표와 같이 미리 계획을 짜는 데 도움이 되는 힌트를 만들어 놓고 그에 답을 하는 방식이다. 따라서 내가 적절하게 변형을 시켜서 사용할 수도 있고, 반드시 이 방식에 구애를 받아야 하는 것도 아니다.

유튜브 SMART 계획 예시

S 구독자 30만 명 달성

M 노출 클릭률 8% 이상 영상 주 1회

A 유입 키워드 포함 영상 주 2회 업로드

R 2개월 내 30만 명

T 매주 금요일 정례회의시 전 주 상황 보고 및 차주 계획 수립

어떻게 해야 할지 구체적인 계획이 없다면,
사실 아래는 모두 같은 의미가 된다.

'그때그때 해야 하는 일을 처리해야지'

=

'일 열심히 해야지'

=

'이번이 정말 인사고과를 잘 받을 수 있는 마지막 기회야.
최선을 다해서 후회 없이 열심히 해야지'

일의 체계를 만드는 방법

　장기간 동안 해야 하는 일이거나 제법 규모가 있는 일 같은 경우에는 그 일들 사이에 체계를 만들어두면 진행상황을 점검하고 잘못된 점을 수정해나갈 때 훨씬 편리하게 일을 할 수 있다. 회사를 다니고 있는 경우라면 회사 홈페이지를 열어보자. 입사할 때나 면접 준비를 할 때는 관심이 있었으나 지금은 별로 관심이 없는 부분이 보일 것이다. 바로 우리 회사 업무조직도다. 그런데 그 부서들 중에 서로 중복되는 것으로 보이거나 어느 한 부서가 다른 부서의 일을 방해하는 경우가 있는가? 아마 절대로 찾을 수 없을 것이다. 평소 별로 의식하지는 못했을 수 있지만, 나는 합리적으로 분류되고 조직화된 체계 속에서 일을 하고 있는 것이다.

　이처럼 일들 간에 체계를 만드는 경우, 시간 관리에 있어서도 이점이 발생하는 것은 물론이다. 복잡하게 얽혀 있는 일들이 서로 비슷한 목적인 경우에는 중복되는 일은 삭제할 수 있고, 서로 다른 목적의 일이라고 하더라도 어느 하나의 일이 다른 하나의 일의 목적을 방해하는 경우에는 그중 하나를 수정해야 할 수도 있다. 그렇게 될 경우 불필요한 일을 하지 않게 되어 시간적으로 이익이 생기는 것이다.

목적과 수단의 구별　이처럼 일의 종류가 많은 경우에 효율적으로 시간 관리를 하는 방법은 먼저 시간을 들여 그 일들을 하는 이유 내지 목적과, 그것을 달성하기 위한 수단을 엄밀히 구별하는 것이다.

예를 들어 '다음 주부터는 매일 새벽 5시에 일어나야겠다'라고 계획을 세운 경우를 보자. 이런 계획을 세운 목적 또는 이유는 무엇일까? 매일 새벽 5시에 일어나는 것인가? 아니면 그것을 통해 얻고자 하는 다른 무엇인가가 있는 것인가? 이 점에 대해 명확하게 대답하지 못한다면 계획을 세우는 데 있어 목적과 수단을 구별하지 못하는 사람일 가능성이 높다.

위의 예에서 **매일 새벽 5시에 일어나는 목적은 사람마다 다를 것이다.** 아침 일찍 일어나 시간을 확보해서 자격증이나 언어 공부를 할 수 있는 시간을 마련하기 위한 사람도 있을 것이고, 새벽 운동을 통해 체력을 키우고자 하는 사람도 있을 것이다. 그러나 만약 '매일 새벽 5시에 일어나는 것' 이외에는 별다른 목적이 없다면, 그것은 수단 그 자체를 목적으로 혼동을 한 것으로 그 일을 실행할수록 왜 그 일을 하고 있는지를 알지 못하게 되기 때문에 결국 시간을 낭비하게 된다.

시간을 사용하는 목적과 그것을 위한 수단을 구별하는 것은 앞서와 같은 문제점이 발생하지 않는 것 외에도, 시간을 사용하는 목적에 따라 수단을 응용하여 내게 맞는 형태로 사용할 수 있다는 면에서 이점이 있다. 예를 들어 '언어 공부할 시간을 확보하기 위해 새벽 5시에 일어나 출근 전에 공부를 한다'는 사례는 내 상황에 맞게, '언어 공부할 시간을 확보하기 위해 퇴근 후 1시간 공부를 한다'고 바꿀 수도 있는 것이다. 실제 일본과 한국에서는 새벽에 일찍 일어나는 '미라클 모닝'이 10~15년 주기로 유행을 하고 있지만, 서양에서는 오히려 퇴근 후의 저녁시간을 이용하는 시간 관리법이 유행을 하고 있다.

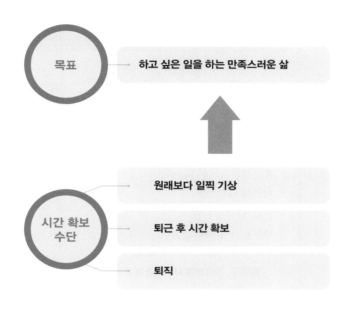

앞서 매일 아침 5시 기상이라는 간단한 예를 들었지만, 일이 더 복잡해질 경우에는 일의 체계도를 만들어볼 것을 권한다. 핵심적인 목표를 맨 위에 놓고 그것을 달성하기 위한 중심수단, 그리고 그것을 돕는 세부적인 수단을 그 밑에 놓는 것이다. 앞서 설명한 '만다라트 계획표'와 같은 원리인데, 그때는 얼마나 많은 아이디어를 머릿속에서 끄집어낼 것인지에 초점을 맞추었다면, 여기서는 생각한 것들을 어떻게 엮어서 체계를 만들 것인지 초점을 맞추는 데 차이가 있다. 일반적으로 기업이나 정부부처에서는 대개 아래와 같은 이미지를 만들어서 쓴다.

목표

환경분야 사회적경제기업 250개 육성
일자리 1,000개 창출

추진
과제

- 환경분야 사회적 경제 10대 부문 육성
- 기존 사업 진입장벽 완화
- 지역 · 매체별 네트워크 구축
- 중간지원조직 역할 강화
- 사업화 재정지원
- 판로 및 홍보지원
- 구인지원 및 역량강화

환경부, 환경분야 사회적경제 육성 목표('18.)

5W2H 질문법 위의 방법으로 목적과 수단을 구별했다면, 이제는 수단들을 조금 더 세분화해보자. 여기에는 '5W2H 질문법'이 매우 유용하다. 일정한 목표를 달성하기 위하여 여러 가지 일을 한다고 한다면, 이때 그 목표는 그 일들을 하는 이유(Why)가 된다. 그리고 그것을 위해 무엇을(What) 할 것인지가 바로 그 일의 내용이 된다. 여기까지가 앞서 설명한 내용들이고, 5W2H 질문법의 핵심은 이제부터다. 누가

(Who), 그 일을 언제(When), 어디서(Where), 어떻게(How), 얼마의 비용, 시간, 노력으로(How much) 할 것인지 보다 구체적으로 생각을 해봐야 한다. 이는 앞서 설명한 'SMART 원칙'의 '수치화가 가능한(Measurable)' 을 보다 상세하고 체계적으로 따져보는 것으로 이해할 수 있다.

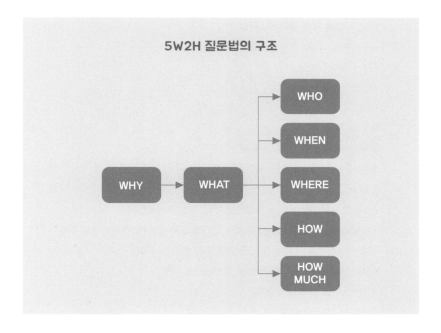

앞서 이야기했던 아침 5시 기상은 언제, 어디서, 어떻게, 얼마의 비용과 시간, 노력으로 할 것인지를 따질 필요까지는 없이 간단한 일이므로, 조금 복잡한 다른 일을 예로 들어보기로 한다.

내가 하고 있는 일 중에 대학교나 구청 등에서의 공부법 강연을 위해 강의 준비를 하는 경우를 보면 다음과 같다.

① Why: OO대학교 공부법 강연
② What:
• 수강생 요청사항 확인
• 요청사항에 맞게 강의초안 구성
• 강의 PPT 작성
• 강의 자체 리허설
• 강의안 전송
• 강연
③ Who: 나
④ When: (강연일) 2022. 3. 1. (준비기간) 2022. 2. 12.~2. 13.
⑤ Where: ZOOM(200명)
⑥ How :
• 수강생 요청사항 → 대학 조교에게 위임, 취합 후 수신
• 요청사항에 맞게 강의초안 구성 → 타대학 교육 내용 OOO 베이스로 수정
• 강의 PPT 작성 → 기존 OOO 강의안 수정 또는 신규작성
• 강의 자체 리허설 → 회의실에서 ZOOM으로 시연
• 강의안 전송 → 조교 이메일
• 강연 → 리허설 내용대로
⑦ How much : 강연료는 타대학과 동일한 수준으로

**설득하는 일에서
더 고려할 점**　자소서를 써야 하거나, 내 의견을 다른 사람들에게 소개하거나 제품을 홍보해야 하는 경우에는 기억해두면 좋은 팁이 있다.

①계획을 짜는 경우에는 나를 중심으로 '내가 하고 싶은 일'을 떠올리는 게 보통이다. 하지만 **누군가를 설득해야 하는 경우에는 반드시 상대방이 원하는 것(니즈)이 무엇인지부터 확실하게 파악해야 한다.** 이 점을 모르는 상태에서 계획을 세우는 것은 결국 모든 노력과 시간 투자가 무위로 돌아갈 위험을 안고 일을 시작하는 것과 마찬가지이기 때문이다. 내가 하고 있는 일 중 하나인 유튜브를 예로 들어보면, 구독자들의 핵심적인 상위 3개의 니즈는 암기, 단기합격, 효과적인 복습이라고 할 수 있다.

②상대방의 니즈가 파악되었다면 이제부터 상대방의 **니즈에 부합하는 나의 강점을 파악**한다. 이 지점에서 나는 강점이라고 생각했지만 상대방이 별로 관심을 갖지 않을 만한 부분들을 찾는다면 그 부분과 관련된 일은 계획으로 포함시켜서는 안 된다. 예를 들어 나는 변호사로서 고객의 의견을 하나하나 면밀히 살피고 꼼꼼하게 재판을 준비하는 사람으로 그것이 내 큰 강점 중 하나라고 하더라도 이는 내 구독자들의 니즈와는 별 관계가 없다. 따라서 나는 변호사 업무와 관련된 영상을 만드는 계획을 세우지 않는다.

③이제는 상대방이 볼 때 나의 단점이라고 생각될 수 있는 점, 말하자면 나에 대해 가질 수 있는 **편견 또는 내 주장에 대한 반박**에 대해 생

65

각을 해보는 것이다. 설득이라는 것은 나의 주장만을 관철시키는 것이 아니라 상대방의 반론에 대한 재반론도 포함하기 때문이다. 예를 들어 구독자분들 중에는 내 공부법은 사법시험에만 한정된 것이 아니냐고 생각하는 분들이 있다. 그분들의 우려를 불식시키기 위해 수능공부법, 일본이나 미국, 유럽에서의 공부법까지 폭넓게 분석하는 영상을 만들어 올리는 것도 내 일 중 하나다.

④이런 일들에 대한 **이유나 근거를 제시하는** 것도 중요한 일 중 하나다. 아무런 근거가 없는 주장은 설득력이 없고 결국 시간 낭비로 이어지기 때문이다. 따라서 나는 반드시 어떤 합격자나 어떤 통계, 논문 등의 자료에서 내가 영상으로 찍어 올리는 공부법들이 나왔는지를 알리기 위해 그에 대한 데이터베이스를 구축하는 것을 계획에 포함시키고 있다.

계획은 반드시 최선과 최후 두 가지로 세울 것

**최선의
계획**　　　계획을 세울 때의 마음가짐을 되돌아보자. 거의 대부분의 경우에 새로운 꿈과 희망으로 가득 찬, 기대로 가득 찬 때였을 것이다. '새해에는 꼭 영어공부를 해야지', '이제부터 다이어트 시작이야. 꼭 5kg 감량해야지', '매일 헬스장에 가서 꾸준하게 운동해야지'와 같은 계획은 말하자면 심적으로 매우 고무된, 흥분한 상태에서 세운 계획이다. 앞서 SMART 법칙에서 설명한 실현가능한(Realistic) 계획이기는 하지만, 조금은 이상에 치우쳐 있는 것이다. 이러한 것들은 말하자면 '최선의 계획'이라고 할 수 있다.

지나치게 긴장하거나 자책할 필요는 없다. 나도 책을 쓰고 있기 때문에 이렇게 냉정하게 또는 멋들어지게 말을 하는 것이고, 이상에 치우친 계획들을 굉장히 많이 세우고 폐기하는 것을 반복한다. 예를 들어 2021년에는 새해를 맞아 무려 48가지 새로운 직업을 갖는 준비를 하기로 계획을 세웠고(록밴드 보컬도 포함되어 있었다), 그중에서 무려 40개의 계획이 폐기되거나 전혀 실행되지 않았다. 많이 뿌릴수록 많이 거둔다는 말로 스스로를 위로하는 것이 힘들어질 정도의 개수지만, 그래도 꿈은 클수록 좋지 않을까?

스트레스를 받는 루틴 계획들이 폐기되거나 실행으로 이어지지 않은 이유를 설명하기 전에 많은 사람들의 일상에 대해 설명하기로 한다. 이런 이상적인 목표로만 계획을 세울 경우에 대부분의 사람들이 거치는 루틴은 다음과 같다. ①이상적인(이 단계에서는 아직 '무리한' 계획이라는 점을 인정하지 않는다) 계획을 세우고, ②며칠 정도 실행을 해본다. ③그런데 어느 순간부터 지치기 시작하고 의욕이 떨어지기 시작한다. ④머릿속에 항상 처음 세웠던 계획을 떠올리면서 스트레스를 받는다. ⑤다시 계획을 세워야 할 때가 오면 '이번에야말로'라고 생각하면서 다시 비슷한 수준의 계획을 세운다.

고개를 끄덕이는 분들이 있을지도 모른다. 그런데 하나 빠뜨린 것이 있다. ③과 ④ 사이에 '그래서 애초에 세운 계획대로 하지 않는다' 또는 보다 솔직히는 '마음먹은 것과 달리 아무것도 하지 않게 된다'는 것도 들어가야 한다. 즉 내가 처음 세웠던 계획을 떠올릴 때마다 스트레스를 받는 이유는, 이렇게 지치고 의욕이 떨어진 상태에서는 원래 계획한 대로 일을 할 수가 없는데, 결국 그것은 애초에 아무 계획도 세우지 않고 아무것도 하지 않은 경우와 결과에 있어서는 별반 차이가 없어, 결국 이 모든 것이 시간 낭비가 되었다고 생각을 하게 되어 자괴감을 느끼기 때문이다.

최후의 계획   이 점을 해소할 수 있는 방법은 매우 간단하다. 예비계획도 미리 세워두는 것이다. 앞서 세운 계획이 플랜 A라고 할 수 있다면, '최선의' 상황을 상정한 계획이라고 한다면, 여기서 세우는 예비계획과 보충계획은 최악의 상황에 대비한 '최후의' 계획이라고 할 수 있다. '아무리 그래도 이 정도는 해야지'라는 것을 애초에 계획에 포함을 시키는 것이다.

나도 지금에 와서 아무렇지 않게 40개 정도의 계획을 폐기했다고 말할 수 있는 것은 애초 플랜 B에 들어 있던 계획은 5개에 불과했기 때문이다. 이렇게 보면 나는 결국 플랜 A 중에 8개밖에 못한 것일 수도 있지만 다르게 보면 나는 무려 플랜 B보다 3개나 더 내 꿈을 이룰 수 있었기 때문에 어떠한 불만도 없었고 오히려 성취감을 느끼기도 했다.

물론 스스로가 시작부터 자신의 의지와 실행력을 낮게 보고 한계를 인정하는 것이 쉽지는 않다. 아무도 그에 대해 뭐라고 하지 않는데도 때로 스스로 자존심에 상처를 입기도 한다. 하지만 이런 **예비계획, 플랜 B를 세워둠으로써 차선으로 하는 행동들 역시 '내 계획 속의 행동'으로 바꿔 생각할 수 있게 된다.** 내가 2021년에 세운 48개의 계획 중 40개를 못한 것이 아니라, 최소한으로 해야 할 5개를 넘어 무려 8개나 했다고 생각할 수 있는 가장 큰 이유가 여기에 있다. 아무것도 하지 않는 것과 마찬가지의, 불만스러운 결과가 아니라 조금은 아쉽지만 여전히 내 예상범위 내에서 계획대로 내 삶이 돌아가고 있고, 나중에는 개선될 가능성도 확인을 할 수 있게 되는 것이다. 비슷한 맥락의 말인 'Plan for the best, prepare for the worst'를 꼭 기억해두자.

플랜 A와 플랜 B

플랜 A		플랜 B	
수, 목 19:00 ~ 23:00 ~ 24:00	책쓰기 영화보기	수, 목 19:00 ~ 24:00	책쓰기

플랜 A: BEST PLAN=이상, 최고의 보상, 스트레스 0

A과목 인풋, B과목 아웃풋		C과목
인풋	D과목 아웃풋	E과목
인풋	A, C, D 아웃풋	
총정리		

플랜 B: WORST PLAN=최악, 마지노선, 스트레스 100

A과목 인풋, B과목 아웃풋	
C과목 인풋	D과목 아웃풋
E과목 인풋	
A, C, D 아웃풋	총정리

♀ SUMMARY 2

- 시간 관리는 빈 공간(시간)에 물건(할 일)을 배치하는 것으로 생각하자.
- 시간 관리가 어려운 이유는 사람은 한 번에 3~4개만을 기억할 수 있다는 것과 관련이 있다.
- 한 번에 한 가지 일만 생각하는 습관을 들이는 것이 무엇보다도 중요하다.
- 일단은 해야 할 일을 모두 떠오르는 대로 적어보자.
- 해야 할 일이 잘 떠오르지 않는다면 '만다라트 계획표'의 도움을 받자.
- 계획은 현재에서 미래로 짜는 것이 아니라, 미래에서 현재 해야 할 일로 구체화되어야 한다.
- 하루, 일주일 단위의 단기계획뿐만 아니라, 한 달 또는 몇 달, 1년 단위의 장기계획도 동시에 수립하자.
- 수치화와 구체화가 되지 않는 것은 계획이 아니라 다짐에 불과하다.
- 수치화와 구체화를 위한 도구로 'SMART 원칙'을 사용하자.
- 일을 하는 목적과 수단을 나누어 체계를 만들자.
- 일을 하는 수단을 세분화하는 방법으로는 '5W2H 질문법'이 유용하다.
- 상대방을 설득하는 일인 경우 ①상대방의 니즈 파악, ②그 니즈에 부합하는 나의 장점 파악, ③니즈 성취에 방해가 되는 나의 단점 파악, ④내 설득의 근거 마련이라는 4단계를 거쳐야 한다.
- 계획은 반드시 플랜 A와 플랜 B의 두 가지를 세운다.

우선순위 정하기

시간 관리의 고전 '아이젠하워 원칙'

어느 분야에나 '고전'이라고 불리는 것이 있다. 단순하게 오래되었다는 의미가 아니라, 한 분야의 기틀을 다진 내용을 가진 것을 일컫는 말이다. 시간 관리 분야에서의 고전에 해당하는 것은 바로 '아이젠하워 원칙'이라고 할 수 있다.

다들 알고 있다시피 아이젠하워는 연합군 사령관으로 2차 세계대전을 승리로 이끌었을 뿐 아니라 미국의 제34대 대통령으로 일하였는데,

복잡하고 다양한 일들을 단순명쾌하게 처리한 것으로 유명했다.

**4종류의
일 분류**　　아이젠하워는 일을 할 때는 항상 책상을 4등분하여 할
　　　　　　일부터 분류했다고 한다. 그중 첫 번째는 할 일 목록에
서 삭제할 일이었고, 두 번째는 부하에게 맡겨(위임하여) 처리할 일이었
으며, 세 번째는 미루어두었다가 나중에 처리할 일이었다. 네 번째는
지금 당장 처리해야 하는 일이었다.

이때 **일을 분류하는 기준은 '중요성(Important)'과 '긴급성(Urgent)'**이
었다. 즉 ①중요하지도 긴급하지도 않은 일은 버리고, ②긴급하지만 중
요하지 않은 일은 위임하였으며, ③중요하지만 긴급하지 않은 일은 미

아이젠하워 원칙

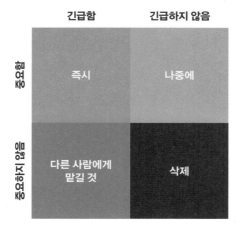

루어두었다가 직접 처리하였고, ④중요하고 긴급한 일은 즉시 직접 처리를 한 것이다.

즉 **아이젠하워 원칙은 중요성과 긴급성을 기준으로 일을 분류하여 시간 관리를 하는 내용**으로 이해할 수 있다. 이를 통해 '현재 내가' 집중하여 처리해야 할 일이 무엇인지를 명확히 알 수 있게 되기 때문이다.

배워야 할 점　　그러면 우리도 이제 아이젠하워 원칙을 배워서 시간 관리를 할 때 바로 적용을 할 수 있을까? 아쉽게도 아이젠하워 원칙에서는 바로 적용하기 어려운 부분이 있다. 바로 '위임 (Delegate)' 부분이다. 아이젠하워와 같이 유능한 부하가 많은 경우라면 모르겠지만, 혼자 일을 하는 경우이거나 회사 내에서 직급이 낮은 경우라면 누군가에게 일을 위임하는 경우를 생각하기는 어렵기 때문이다.

그러나 아이젠하워 원칙을 그렇게 단편적으로만 파악할 것은 아니고, 어떤 원리로 일을 나누었고 왜 직접 처리하지 않고 다른 사람에게 일을 맡겼는지 그 이유를 알 수 있다면, 우리 상황에 맞게 충분히 변형해서 적용할 수 있을 것이다.

①먼저 아이젠하워 원칙에서 배워야 할 점은, 일을 분류하는 기준인 중요성과 긴급성이다.

여기서 **'중요성'은** 일반적으로 볼 때 중요한 일이 아니라, **시간 관리를 하는 '나'를 기준으로 볼 때 중요한 일**을 의미한다. 즉 그 사람의 라이프스타일이나 가치관에 따라 중요한 일이 무엇을 의미하는지 달라질 수 있다는 의미다. 예를 들어 사회성이 있고 다른 사람과 어울리는 것을 좋아하는 사람이라면 독서클럽에 나가는 게 중요한 일이 될 수 있다. 하지만 혼자 있는 시간을 즐기는 사람이라면 조용한 집에서 음악 감상을 하는 일이 중요한 일이 될 수도 있는 것이다. 이 부분은 뒤에서 다시 상세히 설명을 하기로 한다.

'긴급성'이란 당장 그 일을 처리하지 않으면 좋은 결과를 얻을 수 없거나 그것을 넘어 내게 손실 또는 불이익이 생기는 일을 의미한다. 무엇이 긴급한 일인지도 그 사람의 직업이나 가치관 등에 따라 달라진다. 메일에 회신하거나 전화받는 일을 예로 들면, 경영자나 관리자의 입장에서는 긴급한 일이 아니어서 뒤로 미룰 수 있겠지만 고객불만을 처리하는 부서의 직원이라면 그것이 가장 긴급한 일이 되어 즉시 처리해야 할 것이다.

②다음으로는 일을 처리하는 방식이다. 아이젠하워는 사령관, 대통령으로 일을 했기 때문에 긴급하지만 중요하지 않은 일을 다른 사람에게 맡겼다고 바로 결론을 내릴 수도 있겠지만, 그보다 왜 그러한 선택을 했는지 그 이유를 생각해보는 것이 더 중요하다.

여기에는 두 가지 이유가 있다.

첫째는 결과의 퀄리티를 고려했다는 점이다. 뒤에서 보겠지만 어떤 일을 할 때 대부분의 성과가 만들어지는 최고의 시간대는 사람마다 다르지만 하루 중 20% 정도에 집중되어 있다. 예를 들어 어떤 사람은 출근 직후 9시부터 점심식사 전까지 하루 중 중요한 일을 재빠르게 해치우는 반면, 어떤 사람은 점심식사 후 오후 3~4시가 되어서야 일의 효율이 높은 경우가 있는 것이다. 나는 오전 중에는 여유롭게 별로 어렵지 않은 일들을 처리하지만, 오후 4시부터 2시간 정도는 정말 모든 에너지를 쏟아야 하는 일들을 미루어두었다가 처리한다. 즉 그 시간 외에는 내가 직접 처리를 하더라도 최고의 퀄리티를 보장할 수는 없는 시간대도 존재를 하는 것이다. 이렇게 생각을 하면 긴급하지만 중요하지 않은 일은 반드시 다른 사람에게 맡기는 것이 아니라, 최고의 효율이 나오는 시간대 외에 처리를 하는 이상, 누가 처리를 하더라도 큰 상관이 없다는 결론을 얻을 수 있다. 즉 부하직원이 없는 사람이라도 일 효율을 발휘하는 최적의 시간대 외에 그 일을 내가 직접 처리한다면 이 원칙을 자신의 상황에 맞게 적절하게 변형하여 사용하고 있는 것으로 이해할 수 있을 것이다.

둘째는 과도하게 일이 몰려서 생각하는 것이 정지되거나 스트레스를 심하게 받는 것을 막고자 한 것이다. 이게 무슨 당연한 말인가라고 생각할 수도 있지만, 이 부분은 단순히 일을 다른 사람에게 맡겼다는 뜻이 아니라, 머릿속에 '이 일은 내가 직접 하지 않아도 되는 일'이라는 폴더를 만들어서 그곳에 일들을 모조리 집어넣어 머릿속을 깨끗하게 만드는 것이 더 큰 목적이라는 의미다. 예를 들어 메일 10통에 답장을 해야 하는 상황이라고 하자. 이때 이 일들을 10개라고 인식하는 것과 이것들을 한데 모아서 '메일 회신하기 1개'라고 생각하는 것은 일이 주는 스트레스뿐 아니라 효율에서도 큰 차이를 갖는다. 나는 유튜브와

SNS를 모두 운영하기 때문에 하루 동안 댓글과 메일, 다이렉트 메시지, 쪽지 등을 합치면 수백 통의 메시지를 받는다. 이 중 정말 시급하게 업무적으로 처리해야 하는 메시지를 분류하는 것도 굉장히 많은 시간과 수고가 필요한데, 가령 '500개의 메시지를 모두 읽고 업무 관련 메시지인 것을 가려내기'라고 생각한다면 도저히 버티기 어려울 것이다.

추가해야 할 기준 이런 측면에서는 중요성과 긴급성 외에 **'얼마나 손쉽게 일을 처리하여 일의 개수를 줄일 수 있는지'의 문제, 즉 일의 '간이성'이라는 또 다른 기준을 추가하는 것**도 시간 관리에 효율성을 더할 수 있는 방법이다.

왜냐하면 사람이 생각할 수 있는 정보량의 최대 개수인 3~4개를 넘어서면 뇌에 과부하가 걸리게 되고 현재 하는 일 처리 속도에도 안 좋은 영향을 줄 뿐 아니라 스트레스로 인해 일 처리의 동력 자체를 잃는 경우도 발생할 수 있어서, 현재 하는 일 외에 머릿속에 남겨두어야 할 일의 개수는 적을수록 좋기 때문이다. 따라서 중요하거나 긴급한 일이 아닐지라도 일의 개수 자체를 대폭 줄여서 스트레스 없이 중요하고 긴급한 일에 집중할 수 있게 하거나 중요하고 긴급한 일이 여러 개인 경우에는 쉽게 처리할 수 있는 일을 먼저 하는 것이 좋다.

나는 통상 중요하고 긴급해서 모든 에너지를 쏟아야 하는 일이 하나 남았고 나머지 일을 하더라도 큰 에너지 소모가 없을 것 같은 경우에는 중요하고 긴급한 일을 잠시 미뤄두고 나머지 일을 모두 먼저 해치운다.

중요하고 긴급한 일을 하는 와중에 자꾸 '이걸 전력으로 해서 처리하더라도 또 할 일이 남아 있구나'라고 생각해서 한숨을 쉬는 것보다, '**이 일만 하면 정말 끝이구나. 조금만 더 힘을 내야지**'라고 느끼는 편이 낫다고 생각한다.

이 방식은 내가 사법시험 공부를 할 때, 특히 책을 볼 때도 썼던 방식이고, 지금도 일을 할 때 사용하는 방식이다. 예를 들어 공부를 하거나 그 외의 목적으로 책을 읽을 때 어려운 파트를 읽다가 속도가 느려져 스트레스를 받고 있다면 그 파트는 잠시 보류하고 제일 쉬워 보이는 파트부터 빠르게 읽는다. 이를 통해 '남은 것은 단지 이거 하나'라고 생각을 할 수 있기 때문이다. 보고서나 레포트를 작성할 때도 마찬가지다. 어려운 부분에서 끙끙거리기보다는 쉽게 처리할 수 있는 부분을 먼저 작성하거나 완성시킨다. 그렇게 하고 나면 아무리 어려운 일이어도 남은 것은 단 하나라고 생각하여 스트레스를 적게 받게 된다.

이와 같이 생각을 하는 가장 큰 이유는 앞서 설명한 '성취동기이론' 때문이다. 긴급하고 중요한 일에 전력을 다해도 해야 할 일이 남는다는 것은 그 일 전체로 보면 지나치게 난이도가 높은 일로 느껴져 일을 할 의욕이나 동기가 사라진다고 생각한다. 반면 굉장히 어렵고 그만큼 중요한 일이지만 그 일 단 하나만 남았다고 한다면 어떻게든 할 수 있다고 느껴 적절하게 동기나 의욕을 이끌어낼 수 있는 것이다. 물론 이렇게 어렵게 생각할 것도 없고, 시간 관리는 곧 인생 관리일 수밖에 없는데 내가 스트레스를 적게 받아서 일을 처리할 수 있는 동력이 남아 있어야 시간이든 뭐든 관리를 하는 의미가 생기지 않을까?

중요한 일인지 판단하는 법 앞서 일을 나누는 기준 중에 '중요성'에 대해 설명을 했는데, 일을 분류하다 보면 무엇이 내게 중요한 일인지 판단을 하는 것이 쉽지 않은 경우도 많다. 여러 번 반복하고 있지만, 생각이 꼬이거나 판단이 느려질 때는 단계를 나누어보는 것이 좋다.

'이것이 내게 중요한 일인가'를 생각한다는 것은 ①내 인생에서 중요한 가치가 무엇인지 명확히 알고 있을 때 ②서로 다른 두 가지 일을 비교해서 그중 더 내 인생의 중요한 가치에 부합하는 것을 골라내는 과정이다. 즉 내 인생에서 중요한 가치가 무엇인지 생각해보는 과정이 없이는 어떠한 일이 내 인생에서 더 중요한지 판단하기 어렵다. '삶에 끌려간다'는 말이 있지 않은가. 내가 중요한 가치를 설정해두고 그것을 위한 삶을 만드는 경우보다 나를 둘러싼 환경이나 조건들 때문에 나의 의

중요성 판단 방법

내 인생에서 중요한 가치 나열

- 학원 사업 성공
- 빠른 은퇴 후 행복한 가족 생활
- 스트레스 받지 않는 삶
- 다른 사람을 돕는 삶
- 외국어 능통

중요성을 판단하기 위한 질문들

- 당신의 삶에서 가장 중요한 일은 무엇인가요?
- 가족과의 여가와 업무 성과 중에 무엇이 더 중요한가요?
- 당신은 이기적인 사람인가요, 이타적인 사람인가요?
- 개인과 공동체 중 무엇을 더 중요하게 생각하나요?
- 지금부터 10년 뒤에 달성하고 싶은 목표가 있나요?
- 죽기 전에 반드시 하고 싶은 일이 있나요?

사와 관계없이 내게 중요한 가치가 정해져버린 경우도 많다. 그런 경우에는 특히 판단하기 어려울 때가 많다. 위의 질문에 답해보면서 내 인생에서 가장 중요한 가치는 무엇일지 생각해보자.

종이를 꺼내 내가 정말로 중요하게 생각하는 것은 무엇인지 차근히 적어보자. 지금 하고 있는 일에서 인정을 받는 것이라든지 가족들의 행복이라든지, 보다 자신에게 집중한다면 단지 스트레스를 받지 않는 삶이라든지 다양한 가치들이 있을 수 있다. 너무 어렵게 생각하지 말고 '이걸 떠올리면 기분이 좋다'라는 정도면 된다. 다만 머릿속으로만 떠올리지 말고 반드시 종이나 컴퓨터의 메모장 같은 곳에 적어보자.

조금 더 체계적인 방법을 사용하고 싶다는 사람에게는 아래의 미로(miro)를 추천한다. 미로는 웹사이트를 통해 제공되는 업무 보조툴이다. 다만 일을 하는 사람만이 미로를 사용하는 것은 아니고 사고를 효율적으로 정리하고자 하는 사람이라면 누구에게든 유용하다. 사용법도 쉽고 매우 직관적이어서 강력하게 추천한다. 여러 가지 툴이 있는데 여기서는 '마인드맵'을 쓰면 된다.

이렇게 정리한 것은 버리지 말고 꼭 보관하자. 뒤에서 일의 우선순위를 파악할 때 사용할 것이기 때문이다.

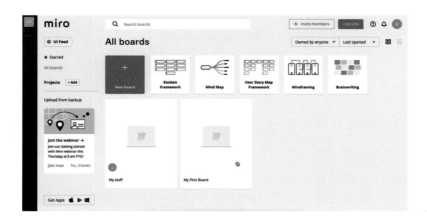

중요성과 긴급성에 따른 우선순위 매기기

중요한 가치들도 적어서 정리를 했고, 내가 해야 할 일, 하고 싶은 일들도 정리가 되었다면 이제부터는 일들에 우선순위를 매길 차례다.

1순위: 중요하고 긴급한 일

1순위의 일은 중요하고 긴급한 일이다. 내가 정한 중요한 가치에 비추어 판단할 때, 최선의 결과를 내야 하는 중요한 일이고 또한 당장 처리를 하지 않으면 이익을 얻지 못하거나 불이익을 받을 우려가 있는 일을 의미한다.

직장인의 경우라면 일, 통상 업무 같은 것이 여기에 해당할 것이다.

예시 계획(이윤규)

- 오후 3시 △△△ 대표 미팅
- 우치하 다카시 민법 책 번역
- ~오후 9시 반 ZOOM 특강 준비
- ~오후 10시 ZOOM 특강
- 유튜브 공부법 아이디어 취합
- 희망프로젝트 △△△님 편 촬영
- 형법 강의 촬영 준비
- 《전쟁론》 읽기
- 헌법 중요판례 분류 정리
- 〈터미네이터: 미래전쟁의 시작〉 보기
- 가족법 서술 다듬기

물론 일의 형태나 강도는 다양해서 '내게는 일 따위는 별로 중요하지 않아!'라고 생각하는 사람이 있다면 자신이 중요하게 생각하는 가치에 따라 판단을 하면 된다.

수험생 등 직업을 갖기 위한 준비과정에 있는 사람의 경우에는 아직은 '일'이 없다고 생각할지도 모른다. 하지만 자신이 하는 일은 언제나 프로페셔널한 마인드로 접근을 하는 것이 좋다. 즉 수험생이라면 바로 공부의 프로인 것이고, 공부가 일인 것이다. 그러나 공부이기만 하면 무조건 여기에 배치를 할 것은 아니고, 가장 큰 이익을 얻을 수 있거나 불이익을 피할 수 있는 과목을 1순위로 생각해야 한다.

예를 들면 시험점수에서 비중이 큰 과목이나 지금 당장 공부를 하면 전체 평균점수가 오르는 과목이 여기에 해당할 것이다.

반면 점수 상승과는 큰 관련이 없는데 내가 개인적으로 관심을 많이 가지고 있는 과목이라든가 불안함을 느끼기는 하지만 어느 정도 점수가 확보된 과목 같은 경우는 지금 당장 처리해야 할 중요한 일이라고는 할 수 없는 것이다. 수험생에게 중요한 것은 '점수를 잘 받는 것'이기 때문이다. 물론 이것도 일률적으로 볼 것은 아니고, '나는 불안함을 너무 심하게 느껴서 별로 중요하지는 않지만 내가 불안하다고 느끼는 과목을 먼저 공부하지 않으면 도저히 다른 과목은 볼 수가 없다'라고 느낀다면 그것이 그 사람에게는 중요하고 긴급한 일이 될 것이다.

예시 계획(수험생의 경우)

- 민사소송법 주요사례 60개 정리
- 민법 가족법 취약 부분(유류분, 상속) 보충
- 형사소송법 기본서 2회독
- 형법사례집 틀린 부분 체크
- 행정법 4유형론에 따라 사례집 분류, 1유형 정리
- 상법 강사저와 진도 맞춰서 나머지 서술 읽기
- 헌법 단문 80개 정리

2순위: 중요하지만 긴급하지 않은 일

2순위는 중요하지만 긴급하지는 않은 일이다. 일의 퀄리티, 즉 결과물이 매우 중요해서 내가 최고의 컨디션일 때 직접 처리하는 게 바람직하지만 지금 당장은 하지 않아도 심각한 불이익은 없는, 상대적으로 여유가 있는 일들이 여기에 해당한다.

직장인의 경우라면 '자기계발'이 통상 여기에 해당하고, 이 2순위의 일을 언제 어떻게 하느냐에 따라 자기계발뿐 아니라 삶의 만족도가 확연히 달라진다. 책의 맨 앞부분에서 설명한 것과 같이, 이 영역의 시간 관리가 최근 시간 관리법의 주된 흐름을 만들고 있다. 그저 기계처럼 열심히 일만 하는 삶이 아니라, 개인의 개성과 삶이 더 중요하다는 생각이 일반적으로 받아들여지고 있기 때문이다. 책을 읽거나 레저를 즐기거나 새로운 일을 배우는 것 등이 여기에 해당할 것이다.

　다만 마찬가지로 직장인이라고 하여 2순위의 일에는 자기계발에 관한 것만이 포함되는 것은 아니다. 예를 들어 이직을 준비하는 사람에게는 새로운 직장에서의 업무나 그와 관련된 공부가 2순위의 일이 될 것이다.

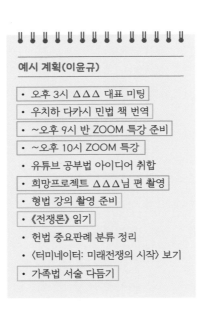

　수험생의 경우라면 시험에서 큰 비중을 차지하는 주요 내용이나 챕터이지만 크게 불안함을 느끼지 않거나 현재 큰 재미를 느끼지 못하는 과목들을 2순위로 매기면 된다.

예시 계획(수험생의 경우)

- 민사소송법 주요사례 60개 정리
  (일단 이거라도)
- 민법 가족법 취약 부분(유류분, 상속)
  보충
- 형사소송법 기본서 2회독(너무 불안)
- 형법사례집 틀린 부분 체크
- 행정법 4유형론에 따라 사례집 분
  류, 1유형 정리
- 상법 강사저와 진도 맞춰서 나머지
  서술 읽기
- 헌법 단문 80개 정리

1순위의 일들이 주로 '해야 할 일'이었던 반면에, 2순위에는 '하고 싶은 일', 그중에서도 내 인생에 어느 정도 의미가 있는 일들이 포함된다. 다만 이 일들은 지금 당장 처리하지 않으면 안 되는 일은 아니고 상대적으로 장시간에 걸쳐 그로 인한 이익이나 만족감을 얻기 때문에, 이 일을 '잠재적 이익이 가장 큰 일'이라거나, 비유적으로 '씨앗 심기'라고 부르기도 한다. 극단적으로 많은 업무에 치이는 사람들은 이 시간을 무미건조한 하루에 의미를 부여하는 '하이라이트'라고 부르기도 한다.

3순위: 중요하지 않지만 긴급한 일

3순위는 중요성이 1, 2순위의 일보다 떨어지거나 더 중요한 1, 2순위의 일 때문에 부득이하게 후순위에 둔 일로써 급히 처리하지 않으면 이익을 얻지 못하거나 불이익이 큰 경우를 말한다.

다만 여기서의 '긴급'은 1순위에서의 긴급과는 의미가 달라질 수 있다. 만약 내가 직접 처리해야 하는 일은 아니어서 다른 사람에게 맡겨도 되는 것이라면 여기에서 긴급성은 '지금 당장 처리해야 하는 것'이라는 의미, 즉 1순위와 동일한 의미가 될 것이다. 하지만 내가 직접 모든 일을 처리해야 하는 경우라면 1순위의 일을 우선적으로 처리해야 하기 때문에, 3순위에서의 긴급성은 '1순위의 일을 모두 처리한 후에 가장 빠르게' 처리해야 한다는 의미가 된다.

직장인의 경우에는 업무 관련 메일 등 연락에 회신을 해야 하는 일과 같이, 반복적으로 일어나지만 내 직접적인 업무와는 조금 거리가 있는 일들이 여기에 해당한다. 물론 고객응대나 비서업무와 같이 연락을 받거나 회신을 하는 일이 주된 업무인 경우에는 이런 일들을 1순위로 봐야 할 것이다. 한편 기획부서에서 근무를 하는 사람들의 경우에는 업무 회신 같은 일들을 일률적으로 1순위나 3순위로 분류하기 어려운 경우도 많을 것이다.

수험생의 경우는 고득점이나 합격과는 큰 관계가 없는 비중이 적은 과목들 또는 중요과목이나 챕터라고 하더라도 점수를 어느 정도 확보하고 있지만 불안함을 느끼는 과목들이 여기에 해당한다. 그리고 공부법의 원리를 모르는 경우에는 내용을 외우는 것, 즉 '암기'를 1순위로 놓는 경우도 있지만, 그와 같이 의식적으로 되뇌기와 반복을 통해 정보를 머리에 입력하는 방식은 다른 기억 방식에 비해 효율이 가장 떨어지기 때문에, 먼저 다른 효율적인 방식들을 모두 시도해본 후에 마지막으로 이 방법을 시도하는 것이 좋다.

말이 어려워졌는데, '암기는 공부를 다한 후에 외워지지 않은 것들만 모아서 한다'라고 이해를 해도 된다. 이렇게 보면 수험생의 경우에는 대부분 '불안한 것보다 부족한 것을 먼저 하라'고 말을 할 수 있겠다.

예시 계획(이윤규)

- 오후 3시 △△△ 대표 미팅
- 우치하 다카시 민법 책 번역
- ~오후 9시 반 ZOOM 특강 준비
- ~오후 10시 ZOOM 특강
- 유튜브 공부법 아이디어 취합
- 희망프로젝트 △△△님 편 촬영
- 형법 강의 촬영 준비
- 《전쟁론》읽기
- 헌법 중요판례 분류 정리
- 〈터미네이터: 미래전쟁의 시작〉보기
- 가족법 서술 다듬기

암기의 방법

참고로 암기의 방법에는 크게 다섯 가지가 있다. ①되뇌기(Rehearsal), ②조직화

(Organization), ③심상화(Mental Images), ④맥락화(Context), ⑤정교화(Elabo-rtaion)이다. 유명한 궁전기억법은 맥락화에, 두문자, 변환법 등은 모두 정교화에 해당한다. 이상은 인지심리학적인 분류인데, 되뇌기가 가장 효율이 좋지 않고, 정교화가 가장 좋은 효율을 보인다.

시간 관리에 실패하는 요인은 굉장히 다양하지만, 대부분의 경우는 이 3순위의 일과 2순위의 일을 바꿔서 처리하는 것에서 비롯된다. 즉 중요하지만 급하지 않은 일을 3순위로 놓고 처리하고, 중요하지 않은데 급하기만 한 일을 2순위로 놓아 우선적으로 처리하는 것이다. 몰려오는 업무 회신, 메일 처리에 치이다 보니 이미 시간 또는 에너지를 모두 쓴 경험이 있지 않은가? 별로 중요한 일도 아닌 소위 '잡일' 하나를 처리하느라 정작 중요한 일은 시작도 못한 채 하루를 보낸 일이 있지는 않은가? 멀기만 할 뿐 내 주된 업무와는 큰 관계도 없는 행사나 출장에 다녀오느라 야근을 해가며 일을 한 경우는 없는가? 이렇게 일을 처리할 경우 장기적으로는 큰 이익을 보지 못하거나 오히려 불이익만이 쌓일 수가 있다. 물론 긴급하다고 생각될 정도로 불안함을 느끼는 일을 먼저 처리하려는 게 자연스러운 사람의 본능이라는 것을 부정할 수 없다. 그러나 시간 관리를 비롯하여 모든 '관리'는 이성적인 사고로 그러한 본능을 누르는 것에서 시작된다는 점을 생각해보면, 급한 일보다 중요한 일을 2순위에 놓는 이유를 이해할 수 있을 것이다.

4순위: 중요하지도 긴급하지도 않은 일

마지막 4순위의 일은 중요하지도 않고 급하지도 않은 일이다. 이 부분에 해당하는 것은 맨 앞의 '하고 싶은 일과 해야 하는 일 떠올리기' 과정에서 정말 머릿속에 문득 떠올랐던 생각이 종이에 적힌 경우일 것이다. 나는 음악을 듣거나 영화를 보는 것을 좋아한다. 물론 이러한 일들도 어떤 의미를 가질 수는 있다. 경우에 따라 재충전의 방법이 되기도 하고, 자기계발이나 미래를 위한 투자가 될 수도 있을 것이다. 하지만 시간은 한정되어 있고 보다 중요한 1, 2, 3순위의 일이 존재하기 때문에 이러한 일들은 1, 2, 3순위의 일을 모두 처리한 후에 시간이 남을 경우에만 한다. 아이젠하워는 이를 삭제(Delete)하였다고 했지만, 굳이 처리해야 할 다른 일

시간 관리에 실패하는 가장 큰 요인

1 중요하고 긴급한 일 ⋯ **즉시**

2 중요하지 않지만 긴급한 일 ⋯ **맡기기**

3 중요하지만 긴급하지 않은 일 ⋯ **나중에**

4 중요하지도 긴급하지도 않은 일 ⋯ **삭제**

굳이 최고 퀄리티로 하지 않아도 될 일을
중요한 일보다 먼저 처리한다.

이 없는 경우에까지 그럴 필요는 없을 것이고, 이는 가장 마지막 순위의 일이라는 의미를 강조한 것으로 이해하면 된다.

색깔로 순위 표시하기   중요성과 긴급성에 따라 4순위로 일을 나누었다면 이제 색깔로 표시를 해보자. **사람의 기억은 색깔이나 이미지에 훨씬 쉽고 빠르게 반응한다.** 글자라는 것은 원래는 사람이 몰랐던 것을 교육을 통해 배운 것이지만, 눈으로 들어오는 색상이나 형태는 누가 가르쳐주지 않아도 바로 알 수 있는 것이기 때문이다.

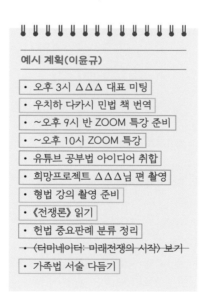

따라서 '1순위', '2순위'와 같이 글자를 적어 순위를 표시하는 것보다

색깔로 표시하는 것이 더 직관적이고 구별이 쉽다.

색깔은 정해진 것은 없지만, 나는 ①1순위의 일은 '빨간색'으로 표시한다. 아마 대부분의 사람이 별로 시키지 않아도 이렇게 할 것으로 추측이 된다. ②2순위의 일은 빨간색은 아니지만 그와 비슷한 '주황색'으로 표시한다. 3순위의 일과 2순위의 일을 순서를 바꾸어 처리하지 않는 것이 너무 중요한데, 빨간색은 아니지만 그와 비슷한 색으로 스스로에게 경각심을 주려는 것이다. ③3순위의 일은 '녹색'으로 표시한다. ④4순위의 일은 따로 표시를 하지 않은 채 그대로 두거나 1, 2, 3순위의 일을 해치운 후에도 도저히 그것을 할 시간이 나지 않는다는 생각이 든다면 검은 줄을 그어 지운다.

아이젠하워 원칙 적용 방법

- 중요하고 긴급한 일
- 중요하지만 긴급하지 않은 일
- 중요하지 않지만 긴급한 일
- 중요하지도 긴급하지도 않은 일

중요도 표시방법에서 동서양간 차이가 있다?

동양 특히 일본에서는 색상을 이용하여 중요도를 표시하는 방법이 널리 사용되고 있다. 이는 시간 관리법에 한정된 것이 아니라 공부법이나 업무수행 일반으로 넓혀도 마찬가지다. 그런데 서양의 경우는 이와 사정이 다르다. 색상을 이용하는 경우는 거의 찾기가 어렵고 대신 기호를 주로 사용한다. 서양에서 색깔은 직접 만드는 다이어리의 데코레이션을 위해 사용하는 것이 거의 전부다. 반면 일본에서는 완성된 깔끔한 다이어리를 사용하는 것이 훨씬 선호된다.

★를 붙여
세부적으로 나누기

색깔로 어느 정도 시각화가 되었다고 하더라도 모든 일이 동등한 정도로 중요하거나 긴급한 것은 아닐 것이다. 예를 들어 혼자 하는 일이 아니라 상대방이 있거나 시간이 확실히 정해져 있는 일, 기한이 더 빠른 일이 다른 일에 비해 더 중요하거나 긴급한 일이라고 할 수 있다. 나는 이런 일들에 대해서는 색깔로 표시하는 외에 맨 앞쪽에 ★나 ★★ 또는 ★☆를 붙여서 한 번 더 별점을 매긴다. 한눈에 같은 순위에 속하는 일 중에서도 중요도를 판별하기 위해서다.

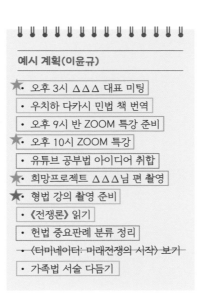

1순위의 일도 다시 1~4순위로 구별할 수 있다

1순위의 일이라고 하더라도 다시 중요성과 긴급성에 따라 1~4순위의 일로 나눌 수 있다. 회사생활을 예로 들어보면, 특히 부서나 업무 분장이 나누어져 있는 경우라면 업무상 가장 직접적인 것, 단기과제 같은 것들이 다시 1순위의 일이 될 것이다. 반면 중장기과제나 선후배, 동료 간의 협업 개선 등 조직 전체의 업무 능력을 향상 시키는 일은 2순위의 일이 될 것이다. 3순의 일로는 특히 기획이나 서무업무를 맡으면서 타 부서의 업무를 취합하는 등의 간접적인 일이 3순위에 놓일 것이다. 4순위의 일에 해당하는 것은 겉으로는 일처럼 보이지만 실제로는 일이 아닌 것들이다. 그 예로는 불필요한 회의, 거절해도 되는 요청 등이 이에 해당한다.

일의 효능성을 판단하여 쳐내기

일을 모두 분류하고 보면 굉장히 큰 뿌듯함을 느끼게 될 것이다. 그런데 혹시 그렇게 분류한 일 중에 불필요한 일이 끼어 있지는 않은가? 예전부터 관례적으로 또는 무비판적으로 해왔는데 실제 그 일을 하고 나면 큰 만족감이나 실질적인 결과물을 얻지 못한 경우는 없지 않았는가? 특히 새롭게 창업을 해서 일을 조직하는 사람, 처음 공부를 시작한 사람들이 그런 경우가 많은데, 해야 할 일 또는 하고 싶은 일들에 대한 정보나 경험이 부족한 상황이기 때문에 일단은 다른 사람들의 조언이나 바람직해 보이는 방법들을 채택해서 실행해보는 경우가 많다.

그러나 정말로 그러한 조언이나 경험들이 내게도 맞는지 검증해보아야 한다. 결과적으로 맞을 수도 있겠지만 그것은 최선이 아니다. 의사결정 과정에서는 의사결정 과정이 올바른 것을 목표로 해야지 결과가 좋은 것을 목표로 해서는 안 된다. 결과는 운 등 여러 요소가 개입해서 만들어지는 것이기 때문에, 결과를 좋게 만들자는 것을 목표로 하는 것은 실은 '운에 따라 일을 처리하자'는 말과 차이가 없기 때문이다.

나도 처음 창업을 했을 때에는 과거에 내가 법무부에서 배운 일의 방식을 비슷하게 바꾸어 우리 회사에 적용하려 했다. 아침마다 매일의 상황을, 매주 금요일마다 주간보고를, 매월 말과 초마다 월간보고를 하는 방식이었다. 하지만 우리 회사 일의 특성이나 규모상 그런 방식이 불필요했고, 오히려 주말 정례회의와 동영상 업로드 후 1시간 뒤의 수시회의 등이 필요했다. 그뿐만 아니라 많은 스타트업에서 사용하는 업무 처리 도구들도 그대로 사용해봤으나, 정작 우리에게 필요한 것은 2~3개 정도에 불과했다.

5W2H 응용 이를 검증해볼 수 있는 좋은 방법으로 앞서 보았던 5W2H 질문법을 활용할 수 있다. 5W2H 질문법은 목적과 수단의 관계를 조직화하는 데에도 큰 장점이 있지만 어떠한 **일이 반드시 필요한 것인지, 단지 시간 낭비에 해당하는 것은 아닌지를 판단하는 데에도 큰 도움이 된다.** 방법은 간단하다. 무엇을(What) 부분에 문제가 되는 일을 놓고, 나머지 부분의 질문을 'OO을 하는 게 적절한가?'로

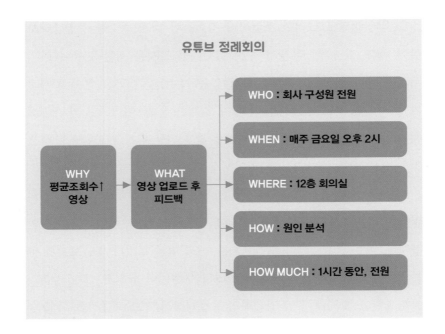

유튜브 정례회의

WHY
평균조회수↑
영상

WHAT
영상 업로드 후
피드백

WHO : 회사 구성원 전원

WHEN : 매주 금요일 오후 2시

WHERE : 12층 회의실

HOW : 원인 분석

HOW MUCH : 1시간 동안, 전원

바꾸어보면 된다.

　예를 들어 나는 스타트업 일은 업무용 메신저를 통해 처리하는데 그
곳에는 굉장히 많은 토픽들이 있다. 그때그때 필요에 따라 만든 것인
데, 나름대로 체계와 기능성을 생각해서 만들지만 불필요하다고 생각
해서 없애는 경우들도 많다. 얼마 전까지는 '영상 피드백 게시판'을 만
들어 사용했었다. 영상들의 반응 등 성과를 분석하기 위한 것으로 영상
업로드 후 24시간 뒤에 작성을 했다. 그러나 지금은 영상을 올리는 매
주 금요일 정례회의에 통합해서 처리하고 게시판을 통한 피드백은 진
행하지 않고 있다. 언제(When), 어디에서(Where)만이 달랐을 뿐 정례회

의와 나머지 사항들이 모두 동일해서 중복적인 시간에 해당했고, 오히려 한 명이 피드백을 진행하기보다는 정례회의에서 전원이 주체가 되어 검토하는 방향이 훨씬 좋은 분석이 나올 것으로 판단했기 때문이다.

기회비용의   5W2H는 일의 구성요소들을 분해함으로써 중복되
계산   는 부분들이 발생하는 것은 아닌지를 판단하는 방법
인데, 이 외에도 **일이 주는 이익과 그로 인하여 포기하게 될 불이익에
집중하여 두 가지를 비교하는** 방법도 있다. 즉 기회비용을 계산해보는
것이다.

기회비용의 계산도 단계를 나누어 판단한다. ①첫째는 어떤 일을 함으로써 얻는 가치와 그로 인하여 얻지 못하는 가치를 모두 나열해보는 것이다. ②이후에 얻을 수 있는 가치 중 가장 가치 있는 것과 얻지 못하는 가치들 중에 가장 가치 있는 것을 가려낸다. ③그리고 두 가지를 비교한다.

내가 현재 운영하는 유튜브 채널은 30만가량의 구독자를 보유하고 있기 때문에 굉장히 많은 광고 섭외를 받는다. 책의 홍보부터 학용품이나 건강보조식품, 의류까지 다양하다. 이런 광고섭외를 승낙할 경우 내게 주어지는 이익은 출판사 등 관련 업체와의 친밀감 상승, 금전의 획득이고, 막연한 가치인 친밀감 획득은 금전의 획득보다는 현실화되기 어려운, 낮은 가치에 속한다. 반면 그로 인하여 발생하는 기회비용, 즉 포기해야 하는 가치는 이익을 바라지 않고 구독자들을 위한다는 이미

지, 같은 날 다른 영상을 올리지 못해 발생하는 여러 이익 등이 있는데, 그중 구독자들이 나에 대해 가진 비영리적인 이미지가 가장 가치가 높다고 판단된다. 만약 내게 양자를 조화시키는 방법이 없는 경우라면, 금전적 가치를 얻음으로써 나의 비영리적인 이미지가 무너지게 된다. 따라서 그 경우에는 광고를 거절하는 것이다(참고로 나는 책 광고로 한정해서, 그것도 미리 책을 받아보고 내용을 모두 읽어본 후 구독자들에게 실질적인 도움이 된다는 판단이 내려졌을 때, 영상의 모든 내용을 내가 100% 자유롭게 정할 수 있다는 조건이 수용될 때에만 제작비를 지원받아 영상을 제작하고 있다).

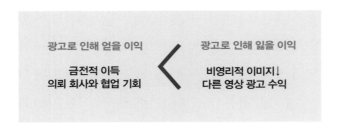

우선순위에 따라 계획 재정리하기

할 일 목록에 볼펜이나 형광펜을 이용해서 색깔로 표시했다면 이제 계획을 깔끔하게 새로운 종이나 윈도우 메모장, 카카오톡 나와의 채팅, 스마트폰 메모장 등 자신이 편하고 가장 자주 보는 곳에 따로 정리해두자.

여기서 '에이 따로 정리할 필요까지 있을까?' 하는 생각이 들기도 할 것이다. 하지만 몇 번 언급했듯이 사람의 기억력은 그렇게 좋은 편이 아니기 때문에 최종적으로 내 머릿속에 넣을 것을 정리하는 것이 매우 의미가 있다. 그리고 만약 재정리를 하지 않은 것을 기억해야 한다면 머릿속에서 앞서 거친 과정을 사실상 다시 거치는 결과가 된다. 일의 목록을 떠올리고 우선순위를 매기는 것이 말로는 쉽지만 조금만 일이 복잡해도 절대로 머릿속에서 쉽게 할 수 있는 것이 아니다. 반드시 '딱 요것만 보면 된다' 싶을 정도로 깔끔하게 최종적인 계획을 정리하는 습

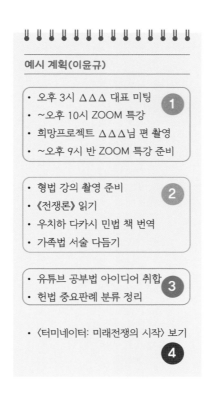

예시 계획(이윤규)

- 오후 3시 △△△ 대표 미팅 ①
- ~오후 10시 ZOOM 특강
- 희망프로젝트 △△△님 편 촬영
- ~오후 9시 반 ZOOM 특강 준비

- 형법 강의 촬영 준비 ②
- 《전쟁론》 읽기
- 우치하 다카시 민법 책 번역
- 가족법 서술 다듬기

- 유튜브 공부법 아이디어 취합 ③
- 헌법 중요판례 분류 정리

- 〈터미네이터: 미래전쟁의 시작〉 보기
  ④

관을 들이도록 하자.

나는 아무것도 없는 빈 종이 또는 빈 다이어리를 펼쳐서 왼쪽 페이지에서는 떠오르는 일을 모두 적어 우선순위 분류작업을 하고, 오른쪽 페이지에서는 그것을 재정리한다. 즉 **하루 계획으로 왼쪽과 오른쪽 두 페이지를 쓰는 것이 기본이다.**

SUMMARY 3

- '아이젠하워 원칙'에 따라 중요도, 긴급성을 고려하여 우선순위를 분류하자.
- 다만 적은 시간과 에너지 투자로 일의 개수 자체를 줄여주는 것이 있다면 그것을 우선적으로 하자.
- '중요한 일'인지는 개개인이 우선시하는 가치가 무엇인지에 따라 달라진다.
- 1순위의 일은 중요하고 긴급한 일이다. 직접 즉시 처리한다.
- 2순위의 일은 중요하지만 긴급하지 않은 일이다. 하루 일정한 시간 꾸준히 처리한다.
- 3순위의 일은 긴급하지만 중요하지 않은 일이다. 다른 사람에게 맡기거나 일의 효율이 떨어지는 시간에 처리한다.
- 4순위의 일은 긴급하지도 중요하지도 않은 일이다. 삭제하거나 시간이 남을 때 처리한다.
- 2, 3순위의 일이 바뀌는 경우, 시간 관리에 실패한다.
- 1순위는 빨간색, 2순위는 주황색, 3순위는 파란색으로 표시하고, 4순위는 검정색으로 가운데 선을 그어 지운다.
- 상대방이 있거나 시간이 정해져 있는 경우는 ★, ★★, ★☆를 붙여 중요도를 세분화한다.
- 단순히 다른 사람들이 모두 한다고 따라 해서는 안 된다. 효능성을 반드시 판단해봐야 한다. 그때는 '5W2H 질문법'이 유용하다.
- 어떤 일을 할 때에는 기회비용도 고려해야 한다. 이익보다 불이익이 큰 경우에는 해서는 안 된다.
- 우선순위가 정리되었고 색깔로 표시했다면 깨끗한 곳에 옮겨 재정리한다.

일정 속에 배치하기

종류에 따라 계획표 준비하기

일들의 우선순위를 모두 매겨서 재정리했다면, 이제 시간이라는 방에 배치할 물건들까지는 정리를 한 것이다. 다만 현재까지는 방에 어떤 물건을 먼저 넣을지만 정해진 상태고, **어떤 배치로 물건을 놓으면 더 효율이 올라갈지에 대해서도 고민을** 해봐야 한다.

이번 장에서 주로 이야기하고 있는 것이 바로 '일'이라는 물건을 어떻게 배치했을 때 '시간'이라는 공간을 실용적으로 잘 쓸 수 있는지에 대한 것이다.

**가장 간단한
빈 종이** 가장 먼저 해야 할 것은 정리된 계획을 기록할 적절
한 도구를 준비하는 것이다.

가장 간단한 것은 종이다. 빈 종이에 장기계획과 단기계획을 적는
것이다. 그때그때 빈 종이를 꺼내 계획을 적는 방식은 자주 방법을 수
정하거나 주 단위로 계획을 세우는 사람들에게 추천을 한다.

다만 이 방법은 하나하나 구획을 나누거나 복잡한 계획을 세울 때는
그 서식을 만드는 것에 불필요한 에너지와 시간이 소모되므로 일의 종
류가 많지 않아서 단순한 패턴의 삶을 사는 경우, 예를 들면 수험생의
경우에 적합한 방법이다.

월	화	수	목	금	토	일
국어 (4시간)	생물 (4시간)	국어 (4시간)	국어 (4시간)	국어 (4시간)		
영어 (4시간)	수학 (3시간)	영어 (4시간)	생물 (4시간)	영어 (4시간)	부족 부분 보충 (10시간)	
수학 (3시간)	사회 (4시간)	수학 (3시간)	사회 (4시간)	수학 (3시간)		

		월	화	수	목	금	토	일	총
1주	3월	18 시간: 9h 성취도: 중	19 시간: 10h 성취도: 중	20 시간: 11h 성취도: 중	21 시간: 9.5h 성취도: 중	22 시간: 9h 성취도: 중	23 시간: 10h 성취도: 중	24 시간: 5h 성취도: 중	
		−1		+1	−0.5	−1			63.5
2주	3월	25 시간: 11.5h 성취도: 중	26 시간: 11h 성취도: 중	27 시간: 13h 성취도: 중	28 시간: 10h 성취도: 중	29 시간: 11h 성취도: 중	30 시간: 9h 성취도: 중	31 시간: 5h 성취도: 중	
		+1.5	+1	+3		+1	−1		70.5

자신에게 맞는 다이어리 완성된 다이어리를 사도 좋다. 다이어리는 어떻게 보면 계획과 시간 관리를 위해 탄생한 도구라고 해도 과언이 아니다.

다만 다이어리는 정해진 서식을 수정할 수가 없는데 개개인에 따라 불필요한 항목들이 들어가 있는 경우가 있을 수 있어서 자신에게 맞는 제품인지 꼼꼼히 살펴보고 구입해야 한다. 아무 다이어리나 구입해서 적기 시작하면 생각보다 쓰지 않는 부분들도 많이 발생하고 오히려 거추장스럽다고 느껴져 계획을 세우는 것을 멀리하는 경우도 많다.

**자유로운
불렛저널**

두 가지 방식을 절충한 것도 있다. 서구를 중심으로 5
년 전부터 크게 유행한 것으로 '불렛저널(Bullet Journal)'
이라는 것이 있다. 빈 다이어리에 총알(Bullet)모양의 점(·)을 찍어서 일
정 같은 것들을 정리한다고 해서 그렇게 부르는데, 간단히 말하자면 직
접 만들고 꾸며서 쓰는 다이어리라고 할 수 있다. 이 방식은 자유롭게
커스터마이징할 수 있다는 굉장한 장점이 있다. 세상에 단 하나, 나만
을 위한 시간 관리 도구가 될 수 있기 때문이다.

반면에 단점도 뚜렷하다. 먼저 다이어리를 만드는 데 드는 노력이
다른 경우들보다 많다는 것, 그리고 시간 관리를 위해 시작한 것이 다
이어리 관리로 주객전도되는 경우가 많다는 것이다. 실제 인터넷에서
불렛저널과 관련된 자료들을 검색해보면 크게 두 가지가 주로 나온다.

예를 들어 침대 정리하기, 만 보 걷기, 빨래 하기, 설탕 섭취하지 않기 등 일반적인 다이어리에는 없는 나만의 항목을 만들어서 진행 정도를 체크하는 경우(이를 'Tracker'라고 한다)와 형형색색으로 다이어리의 속지를 직접 만들어 꾸민 경우다. 시간이 부족한 사람들에게는 그다지 추천하지 않는 방식이다.

다양한 디지털 기기 스마트폰이나 태블릿, 노트북을 사용해도 좋다. 기본적으로 내장되어 있는 캘린더(달력) 어플, 메모장, 메신저 어플 세 가지 정도면 충분히 효율적으로 일정을 관리할 수 있다. 여기에 더해서 각종 시간 관리 어플이나 앞서 보았던 미로와 같은 툴을 쓸 수도 있다. 접근성이나 편리성에서는 아마 가장 강점을 갖지 않는가 생각이 된다.

디지털 기기 사용의 장점과 최신 유행의 업무 보조툴

디지털 기기는 회사 등 공동으로 업무를 처리하는 경우에 엄청나게 큰 장점을 발휘한다. ①'클라우드'를 이용하여 언제 어느 장소에서 어떤 기기로 일을 하든 동일한 진행상황과 결과를 공유할 수 있고, ②일정공유가 되는 캘린더 프로그램을 사용하면 팀원 간에 스케줄 관리가 한결 편해진다. ③업무용 메신저는 일과 사생활을 구별해주며 생각을 체계적으로 정리하고 기록해주어 관련된 자료를 찾고 피드백을 하기훨씬 수월해진다. ④편지와 달리 메일 등은 어느 하나의 메일로 '포워딩'을 하여 3순위 일로 일괄하여 처리하면 생각을 경제적으로 할 수 있고 시간적으로도 훨씬 이점이 있다. 최신 유행의 업무 보조툴로는 노션, 에버노트, 콜라비, 잔디, 슬랙, 줌, 마인드노트, 구글 태스크, 구글 킵, 구글 도큐먼트, 미로, MS Teams, MS Project, MS SharePoint, 드롭박스 등이 있다. 여기에 써둔 것들은 주말 하루 시간을 내서 꼭 한번 씩 시험 삼아 써보도록 하자. 한두 개만 건져도 정말 업무 효율이 엄청나게 증가할것이다. 다만 너무 최신 기기에 목맬 필요는 없고, 사용하다가 별 필요가 없다는 생각이 든다면 과감하게 버리는 것이 좋다. 유행을 따라간다고 불필요한 툴을 쓰는 것도 바람직하지 않다는 점을 기억해두자.

다만 디지털 기기에도 몇 가지 단점이 있다. 첫째는 가짜 만족감에 빠지는 경우가 많아 시간 관리를 등한시하게 된다는 것이다. 처음에는 의욕적으로 시간 관리를 해보려고 열심히 하지만, 자신의 시간 관리 방법의 문제를 어플의 문제로 생각하게 되어 다른 어플을 다운받는 것으로 가짜 만족감을 얻게 되고 결국은 자연스레 시간 관리를 하지 않던 과거로 돌아간다. 책을 읽자고 마음 먹어놓고 책만 산 후에 읽지 않는 것과 비슷한 느낌이다. 둘째는 시간 관리의 최대의 적인 '디지털 빌런(Digital Villan)'의 대부분이 스마트폰에 있다는 것이다. 디지털 빌런은 외국에서 쓰는 용어인데 인터넷, 뉴스, 메일, 게임 등 습관적으로 실행하면서 시간 낭비를 하게 만드는 것들을 의미한다. 디지털 기기로 시간 관리를 할 경우 SNS, 유튜브 시청, 인터넷 검색 등을 하면서 시간을 낭비할 위험이 있다.

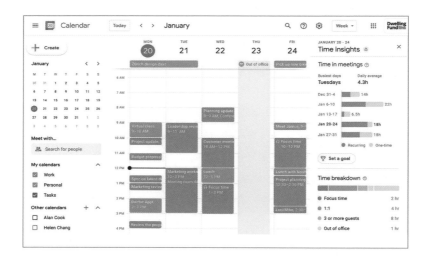

추천하는 도구	추천하는 도구는 ①직장인의 경우라면 '종이+스마트폰', ②수험생인 경우는 '종이/다이어리', ③비직장인인

데 수험생이 아닌 경우라면 '불렛저널'이다.

직장인은 자연스럽게 스마트폰을 많이 볼 수밖에 없으므로 스마트폰을 시간 관리에 활용하는 게 자연스럽다. 다만 머릿속의 복잡한 생각들을 정리하는 데에는 종이가 매우 큰 이점이 있다. 스마트폰의 캘린더(달력) 어플로 장기계획을 관리하고, 단기계획은 종이에 적어 일의 우선순위를 파악한 후 스마트폰 메모장이나 메신저 나와의 채팅으로 옮겨 정리한다.

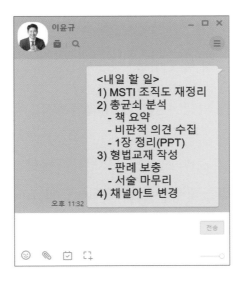

수험생의 경우 스마트폰 자체가 공부의 가장 큰 적이고 일주일 단위로, 그리고 수시로 계획이 수정되므로 종이 또는 다이어리를 사용하는 것이 좋다. 장기계획과 단기계획 모두를 종이에 적거나 적절히 혼합하

여 관리를 하면 된다.

마지막으로 비직장인인데 수험생이 아닌 경우라면 상대적으로 시간적인 여유를 확보할 수 있으므로, 스마트폰과 같은 위험 요인을 멀리하면서도 시간을 충분히 들여서 관리할 수 있는 불렛저널이 제격이다. 다만 불렛저널의 사용법은 다소 치장적인 부분이 없지 않아 이 책에서는 다루지 않기로 한다.

물론 어느 경우든 일을 처내고 우선순위를 매기는 작업에 능숙해지면 결국은 일 자체가 매우 단순해져 머릿속으로도 이 모든 것들이 가능해지기는 한다. 하지만 처음에는 도구와 기록의 힘을 빌리는 것이 좋다.

장기계획표에 확정된 일정부터 배치하기

각각의 계획표가 준비되었다면 가장 먼저 해야 할 일은 이미 확정되어서 움직일 수 없는 일정부터 배치를 하는 것이다. 6개월 또는 1년의 계획 속에서 이미 확정된 일들을 먼저 적어 넣는데, 스마트폰 캘린더 어플이나 실물 달력에 확정된 행사를 적는다.

불렛저널을 쓰는 사람이라면 누구나 사용하는 항목으로 '퓨처로그(Future Log, 장래일정)'라는 것이 있는데, 여기에 정해진 일정들을 기입하면 된다. 수험생의 경우에는 모의고사 날짜나 시험 당일을 제외한 나머지는 기입을 할 필요가 없다.

일	월	화	수	목	금	토
		.	1 신정	2	3	4
5	6	7	8 계훈이 생일 (가로수길, 7시)	9	10	11
12	13 병원(오후 2시)	14	15	16	17	18 오페라오렐 료(저녁7시)
19	20	21	22	23	24	25 설날
26	27 대체휴일	28	29	30	31	

중요하고 긴급한 일의 배치

확정된 일정을 제외한 나머지 시간을 사용하는 것이 시간 사용에서 가장 중요한 부분이다. 1순위부터 4순위까지 우선순위를 매긴 일들을 순서대로 비는 시간에 배치하는데, 여기서는 반드시 지켜야 할 몇 가지 규칙들이 있다.

파레토의 법칙   먼저 1순위의 '중요하고 긴급한 일'은 '파레토의 법칙 (Pareto Principle)'에 따라 하루 중 최대효율로 일할 수 있는 때에 배치한다. 파레토의 법칙이란 '**전체 업무 시간 중 20%의 시간**

대에 전체 80%의 성과가 나온다'는 법칙인데, 본래는 경제학, 경영학에서 사용되던 용어다. '나사를 조이는 일보다 나사를 조일 곳을 찾는 것이 더 중요한 일이다'라는 말에서 알 수 있듯, 대부분의 중요한 일들은 **올바른 방향성을 찾는 것에서 일의 성패가 좌우된다.** 방향성 자체가 잘못된 경우에는 아무리 정확히 실행을 하더라도 결과가 의미를 갖지 못하게 된다. 그리고 그 '정확한 방향성'을 찾는 일은 단순히 시간 투자를 많이 하는 것으로는 충분하지 않고 두뇌를 사용하여 높은 집중과 몰입을 이끌어낸 경우에만 가능하다. 앞서 언급을 했지만 나는 중요하고 급한 일들은 오히려 오후 4시부터 2시간 정도의 시간에 몰아서 처리를 하고 있다. 이는 수험생의 경우에도 마찬가지다. 공부 방향을 제대로 잡

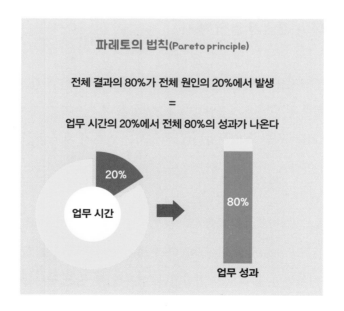

지 못한 상태에서는 아무리 공부를 열심히 하더라도 성적이 오르지 않는다. 무턱대고 공부를 열심히 하는 것이 중요한 것이 아니라, 무엇이 출제가 되고 무엇을 공부해야 하는지를 정확히 알고 비교적 완벽한 공부계획을 수립하는 것이 더욱 중요하다. 그에 필요한 시간이 전체 공부시간의 약 20% 정도는 필요한 것이다.

신체리듬을 생각할 것   대부분의 사람들은 아침에 일어나서 서서히 몸을 깨운 다음 오후 정도에 신체적으로 최고점을 찍는다. 그리고 저녁이 되면서 점점 그 정도는 낮아진다. 하지만 그렇지 않은 사람도 있다. 예를 들어 나는 수험생 시절 1차 시험을 치는 동안은 항상 정오에 일어나서 새벽까지 공부를 했는데, 내 두뇌의 활성화가 최고에 달한 시간대는 밤에서 새벽이었다. 이러한 습관 때문인지 지금도 가장 일이 잘되는 시간은 새벽이다. 물론 다른 직원들과의 업무를 고려해야 하는 경우에는 오후 4~6시의 시간을 활용하지만, 그 외 혼자 처리해야 하는 업무는 여전히 새벽시간을 활용한다. 이처럼 스스로 최대효율을 내는 시간대가 언제인지 알고 있는 사람들도 있지만, 아무런 기준이 없이 다른 사람들의 시간에 맞춰 중요한 일을 처리하는 경우도 많다. 그러나 사람마다 신체리듬이 다를 수밖에 없으므로, **내 최대능률의 시간대가 언제인지를 먼저 파악**하여야 한다. 일반적인 사무실의 업무 루틴은 아침 9시 출근 오후 6시 퇴근이라서 이에 맞게 이른바 '아침형 인간'이 강요되는 면이 있지만, 연구에 따르면 생체시계에 따른 업무효율을 기준으로 아침에 일이 잘되는 경우는 33%, 저녁에 일이 잘되는 경우는 17%, 아침과 저녁에 모두 일이 잘되는 경우는 50%라고 한다.

새벽형 인간(?)

일본의 필즈메달(수학에서의 노벨상) 수상자인 히로나가 헤이스케의 경우 오로지 새벽에만 연구를 해서 그와 같은 성취를 얻었다고 자신의 자서전격인 책인 《학문의 즐거움》에서 밝힌 바 있다. 말하자면 '새벽형 인간'이었던 것이다. 나는 고시공부를 하던 시절 지독한 불면증에 시달렸는데, 알고 보니 나도 새벽형 인간이어서 새벽녘에 최고의 두뇌회전이 되었음에도 그때 억지로 눕는 바람에 잠도 오지 않고 공부도 못하는 이중고통을 받았던 것임을 알게 되었다. 그래서 그때부터는 항상 새벽에 공부를 했고, 짧은 기간에 시험에 합격할 수 있었다. 내게는 그 시간이 '황금의 시간'이었다. 그리고 그것은 지금도 마찬가지여서 나는 정말로 집중을 해야 하는 일은 주로 새벽에 처리한다. 이 책의 대부분도 새벽에 집필하였음을 고백해둔다. 이런 유형은 통계에서는 발견이 잘 되지 않지만, 분명히 존재한다. 어느 경우에나 중요한 것은 내가 어떤 유형에 속하는지 알아내려는 노력 없이 다른 추상적인 인간형에 맞추는 것은 불필요한 고통과 비효율을 줄 수 있다는 것이다.

수험생의 경우 가장 중요한 일은 '아웃풋' 즉, 문제를 푸는 것인데, 기상 직후부터 저전력 모드로 몸을 쓰면서 전날 공부한 내용을 떠올려보고 책이나 강의를 보면서 서서히 몸을 각성시킨 후에 뇌가 완전히 깨었을 때 아웃풋을 하는 것이 좋다. 반복해서 강조하지만, 시간 관리는 곧 인생 관리다. 내가 내 기준을 가지고 시간을 사용해야 한다.

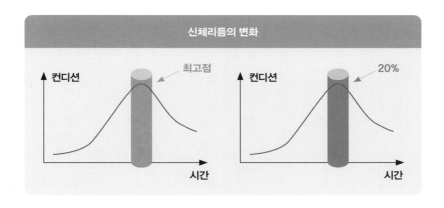

이 점을 응용하면 직장인 수험생의 경우 전업수험생의 경우와는 달리 아침이 아니라 퇴근 및 휴식 후 밤부터 공부를 시작해야 한다는 점을 알 수 있다. 즉 직장인 수험생의 공부주기는 ①밤에 인풋 시작, ②취침, ③기상 후 복습, ④출근 중 아웃풋(이 구체적인 방법에 대해서는 뒤의 '멀티태스킹' 파트 참조), ⑤퇴근 후 아웃풋 내용 점검 및 재공부, ⑥다시 ①부터 반복이다.

최신효과 이론 수험생과 같이 정보를 머릿속에 입력하고 유지하는 내용의 일을 하는 경우에는 또 하나 고려해야 할 것이 있다. 바로 '최신효과(Recency Effect)'다. 최신효과란 여러 항목을 공부했을 때 마지막 항목을 더 잘 기억한다는 이론이다. 따라서 이 경우에는 기상 직후의 시간에는 전날의 공부 내용 복습을 배치하는 것이 가장 효율적이다.

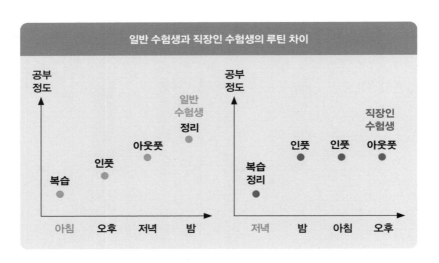

일반 수험생과 직장인 수험생의 루틴 차이

일을 통하여 성장하기

중요하고 긴급한 일의 경우에는 대부분 '내키지 않지만 해야 하는 일'인 경우가 많다. 하지만 그렇다고 하더라도 장기적으로는 그 일을 즐겁게 느낄 수 있어야만 진정으로 몰입할 수 있고 성과를 낼 수 있다. 어떤 일이 즐겁기 위해서는 반드시 일정한 개인사적인 의미가 있어야 한다. 즉 그 일이 내 생계를 위한 것이라는 최저 기준 외에도 내 꿈이나 희망 등 하고 싶은 일과 관계가 있어야 한다는 것이다. 따라서 현재 하는 일과 내가 미래에 하고 싶은 일 또는 되고 싶은 것과의 사이에서 접점을 발견하려는 노력이 매우 중요하다. 이러한 노력이 없다면 일을 통해 성장을 하는 것이 아니라 스스로를 소모하고 지치게 된다.

중요하지만 긴급하지 않은 일의 배치

적립식
시간 사용
우리는 의식하지 않고 살아가고 있지만, 시간은 누구에게나 동일하게 주어지는 자원이다. 이 시간이라는 자원을 어떻게 쓰는가에 따라서 그 사람의 인생의 가치가 달라진다고 할 수 있다.

다만 시간이든 다른 자원이든 그것을 의미 있게 쓰기 위해서는 먼저 적절한 양을 모아야 하는데, 시간을 자원이라는 면에서 바라보면 어떻게 이 시간을 모으는 것이 현명한지 한 가지 힌트를 얻을 수 있다. 바로 꼭 필요한 지출 또는 사용량을 제외하고는 그 일정 부분을 따로 떼어내 모으는 것이다.

이러한 방식으로 돈을 모으는 것을 '적금'이라고 하므로, 이러한 방식의 시간 사용법은 '적립식 시간 사용'이라고 할 수 있겠다.

중요하지만 급하지 않은 일들은 급한 일을 처리하다 보면 정작 이 일들을 위한 시간이 남아 있지 않은 경우가 많다. 그럴 때를 위해 **하루 중 일정한 시간들을 모아두는 습관**이 필요하다.

집중력을 끌어 올리는 뽀모도로 기법

본문에서 설명한 최신효과 외에 초기에 한 일이 기억에 더 잘 남는다는 '초두효과 (Primacy Effect)'도 있다. 초두효과와 최신효과를 적극적으로 사용하려면 작업시간을 줄여서 중간에 손실되는 기억을 줄여주면 된다. 이 점을 적극적으로 사용해 집중력을 끌어올리는 기법을 '뽀모도로(Pomodoro) 기법'이라고 한다.

뽀모도로는 이탈리아어로 토마토라는 의미인데, 이탈리아 대학생이 엄마의 토마토 모양 주방용 시계를 25분으로 맞춰놓고 딱 그 시간만 집중해서 공부를 하고 다시 10분을 쉬고 또 25분을 공부하면서 집중력을 최대로 끌어올린 것을 두고 이와 같이 이름 붙인 것이다.

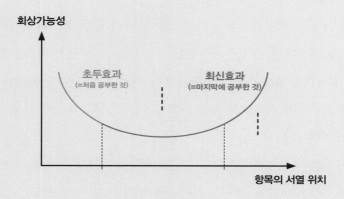

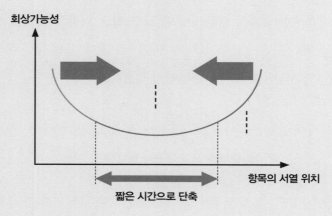

다만 생체리듬 전문가인 막시밀리안 모저에 의하면, 90분 일하고 15~20분 쉬는 것이 가장 효율적이라고도 하는데, 여기서 더 중요한 것은 '최적의 집중력을 보이는 시간이 지나면 곧바로 휴식을 취해서 다시 집중력을 끌어올릴 수 있는 상태를 만드는 것'이다. 사람의 집중력은 개개인뿐 아니라 환경에 따라 달라질 것이기 때문이다. 따라서 스스로 최적, 최대의 집중시간이 몇 분인지 기록해보며 찾는 연습이 필요하다.

하고 싶은 일을 위한 시간　　사람은 해야 하는 일만을 하고서는 살 수 없다. 직장인의 경우 극한으로 효율을 추구하는 것이 성과를 잘 내는 좋은 삶인 것처럼 생각되는 경우도 있지만, 하고 싶은 일, 좋아하는 일을 전혀 하지 못하면 애초에 삶을 살아낼 수 있는 원동력이 나올 수가 없다. 특히 요즘처럼 SNS가 활발한 시대에 일만 하는 사람은 SNS에서 느끼는 상대적 박탈감을 도무지 극복하기 어려울 것이다. 종래에 없던 맛집과 명소들의 홍수, 나도 그 대열에 합류하지 않고서는 진정한 힐링은 요원하게 느껴진다.

　물론 아무것도 하지 않고 쉬면 시간 관리뿐 아니라 인생을 살 충분한 에너지를 확보할 수 있을지도 모르지만, **시간은 다른 자원들과는 달리 모으는 것만으로는 아무 의미가 없고, 반드시 그것을 사용해야 가치를 갖는다.** 따라서 기본적으로는 효율성을 추구하는 삶을 살더라도, 그로 인한 스트레스를 덜어주는 일을 하면서 모아둔 시간을 사용하는 것이 직장인에게 있어서는 최고의 시간 사용법이라고 할 수 있다. 결국 해야 하는 일과 하고 싶은 일을 조화시키는 것이 직장인에게 있어서는 시간 관리의 핵심이다. 다만 해야 하는 일과 하고 싶은 일 중 어느 것의 비중을 높게 잡을 것인지는 그 시대의 가치관, 나의 직업과 일의 강도, 인생관이나 신조 등에 따라 다른데, 최근은 '하고 싶은 일'이 강조되는 추세 속에 있다고 느껴진다. 이 점을 알고 싶다면 서점에 가서 시간 관리에 관한 책들을 한번 펼쳐 보기 바란다. 세계에서 가장 바쁘고 일이 많은 기업에서 근무하는 사람들이 쓴 책은 어떻게 휴식하는 것이 적절한지에 대해서만 1/3을 할애하여 시간 관리를 다룬다. 일로 인하여 너무도 바쁘고 삶에 여유가 없기 때문에 휴식과 재충전이 엄청나게 큰 의미를 갖는 것이다. 반면 적정한 정도의 업무 강도를 가진 사람들이 쓴 책을 보면 주로 아침에 일어나 취미생활이나 자기계발과 관련된 것들을 하는 내용이 적혀 있다. 수험생과 같이 단기에 특수한 목표를 위해 사는 경우에는 휴식이나 자기계발에 대한 내용은 거의 없고, 오로지 재충전에 대한 내용만이 실려 있거나, 공부와 관련된 것을 하면서 쉬는 것이 좋다는 정도의 설명이 적혀 있다.

바쁠수록 오늘 하루를 행복하게 만들어주는 일을 하라

많은 사람들이 바쁠 때는 그야말로 일만 한다. 하지만 20~30분에 그 일이 완료되는 것이 아니라면, 하루 20~30분은 그 일 말고 다른 것을 위해 쓰라고 권하고 싶다. 나는 정말로 바쁘고 빡빡한 삶을 살고 있지만, 하루 중 30분은 반드시 '아 이것을 했기 때문에 오늘 하루는 그래도 만족스럽다!'라고 느끼는 일을 한다. 때로 책 읽기가 될 수도 있고, 때로 체스 전략을 연구하는 일일 수도 있고, 때로 내가 좋아하는 가수의 공연을 보는 것일 수도 있다. 주로 2순위의 일들이 되겠고 그것이 바람직하겠지만, 반드시 그에 한정할 필요는 없다. 중요한 것은 그것이 무엇이든 바쁘고 지치게 만드는 삶 속에서 나를 즐겁게 움직이게 하는 일로 의미를 부여하고 또 그로부터 힘을 얻는 것이다.

미라클 모닝에 대한 오해 이와 관련하여 '미라클 모닝'에 대해서도 다시 한 번 생각해보기를 권한다. 일정한 주기를 가지고 유행하는 미라클 모닝 또는 아침형 인간은 어떤 원리로 시간을 사용하는 것일까? 그것을 생각하기 전에 먼저 알아야 할 것이 있다. 책을 읽는다는 것은 종이와 활자를 통해 저자와 대화를 하는 것이다. 따라서 책은 저자가 하고 싶은 중심적 메시지가 담긴 표지부터 읽기 시작해서, 띠지와 약력, 목차, 내용 순으로 읽어야 한다. 그런데 미라클 모닝이나 아침형 인간 책을 쓴 분들은 모두 바쁜 직장인으로 아침 9시까지 출근을 하는 사람들이다. 일반적이고 대부분이긴 하지만, 이런 유형의 삶을 사는 사람이 '하고 싶은 일', '미래의 일'을 위해 단지 아침에 조금 더 일찍 일어나 시간을 낸 것뿐이다. 물론 다른 사람보다 일찍 하루를 시작했다는 자기만족감도 무시할 수 없다. 조금은 힘들지만 하루를 일찍 시작한 덕에 다른 사람들이 일을 다 끝내지 못했을 순간에도 나는 이미 일을 끝내고 퇴근 후의 삶을 준비할 수 있기 때문이다. 그러나 내가 아침에 일찍 일어나는 것이 너무 힘들거나 저녁시간을 쓰는 것이 훨씬 쾌

적하다면 굳이 아침형 인간이나 미라클 모닝을 할 필요가 없다. 그리고 수험생의 경우도 아침 9시 업무 시작이 강요되는 것도 아니므로 자신의 생활스타일에 맞춰서 탄력적으로 '적립식 시간 사용'을 할 수 있다. 요컨대, 아침형 인간이나 미라클 모닝이라는 것은 적립식 시간 사용을 아침에 한 하나의 예에 불과한 것이고, 더 **중요한 것은 기상 시간이 아니라 '일정한 시간을 모아두고 하고 싶은 일을 하는 데 쓰는 것'**이다.

업무 시작일 당기기 적립식 시간 사용 방식은 하루뿐 아니라 주나 월 단위의 시간 사용에도 그대로 응용할 수 있다. 예를 들어 보통 회사의 경우 월요일에 업무를 시작하여 금요일에 한 주간의 업무를 종료한다. 금요일 오후만 되면 아직 처리하지 못한 업무들 때문에 허덕이고, 월요일 오전에는 정례회의의 안건이나 보고서 생각에 정신이 없어지는 것이 일상다반사다.

그러나 이럴 때는 월요일이 아니라 하루를 당겨 금요일에 업무를 시작하고 목요일에 업무를 끝내는 것으로 바꾸면 굉장히 여유 있게 한 주를 쓸 수 있다. 금요일, 주말이라는 시그널이 주는 마음의 이완과 주말의 두근거림 속에서 무리하게 일주일 동안의 업무를 종료하지 않아도 되는 것이다.

마감 시간에 쫓기는 금요일   목요일에 마감한 금요일

이는 우리 회사에서 채택하고 있는 방식인데, 직원들의 업무 스트레스가 눈에 띄게 줄었다. 단지 하루를 당겼을 뿐인데, 허겁지겁 한 주를 시작하기에 급급한 것이 아니라, 정신 없는 다른 사무실 사람들을 바라보며 커피 한 잔을 즐길 수 있는 여유를 누릴 수 있게 된 것이다.

월말만 되면 마감에 허덕이는 경우에도 마찬가지로 응용할 수 있다. 매월 27, 28일만 되면 초조함과 긴장감에 수명이 단축되는 듯한 느낌을 받기보다는, 애초에 19, 20일을 업무의 종료일로 설정해 계획을 수립하고 실행하는 것이다.

수험생의 경우 수험생의 경우에는 직장인과는 다른 접근이 필요하다. 2021년 통계청 기준으로 직장인의 평균근속기간은 15년 2개월이라고 한다. 해야 하는 일이 무려 15년치나 있다는 것이다. 하지만 수험생의 경우는 공부를 '해야 하는 일'이라고 생각하더라도 그 기간이 15년인 경우는 매우 드물고, 대개는 빠르면 2~3년, 즉 직장인에 비하면 1/7에서 1/5정도의 기간 동안만 수험생활을 한다. 따라서 수험생의 적립식 시간 사용은 직장인의 그것과 같은 형태여서는 안 된다.

수험생의 경우는 가급적 현재 하고 있는 공부와 관련된 일을 하거나 해야 할 일을 모두 다한 경우의 보상으로 이 시간을 활용해야 한다. 하루 30분 정도는 시험문제와 직접 관련은 없더라도 공부하고 있는 부분을 심도 있게 다룬 전문서적이나 논문 등을 읽는 식으로 시간을 보내거나 한 주의 공부를 모두 끝낸 후 남는 시간이 있는 경우에 하고 싶은 일을 자유롭게 하는 것이다. 즉 직장인과는 반대로 소극적인 의미로 적립된 시간을 사용하는 것이다. 개인적으로는 이 시간을 탄력적으로 쓸 수 있고 여러 정신적 충격을 흡수해준다는 의미로 '스펀지 타임'이라고 부르고 있다.

다만 어느 경우든 정신적·육체적 재충전을 위한 시간은 반드시 확보를 해주어야 한다. 의욕만 넘치는 초보 수험생들의 경우 하고 싶은 일을 모두 끊어내고 주말도 쉬지 않고 1~2년간 공부를 하는 경우도 있는데, 만약 그 기간 내에 합격을 한다면 정말 다행스러운 일이지만, 그렇지 못한 경우에는 장기적으로 수험생활을 할 수 있는 정신력 자체를 상실해버리는 수가 있다. 즉 순수하게 점수를 올린다는 면에서는 별 도움이 되지 않는 쓸데없는 시간처럼 느껴질지 몰라도 수험생활을 포함한 인생을 지속시키는 데 반드시 필요한 유효한 시간인 셈이다.

월	화	수	목	금	토 일
국어 (4시간)	생물 (4시간)	국어 (4시간)	국어 (4시간)	국어 (4시간)	부족부분 보충 (10시간)
영어 (4시간)	수학 (3시간)	영어 (4시간)	생물 (4시간)	영어 (4시간)	
수학 (3시간)	사회 (4시간)	수학 (3시간)	사회 (4시간)	수학 (3시간)	

시간 확보의 방법

적립식 시간 사용을 위해 시간을 확보하는 방법은 다양하다. 특별히 정해져 있는 것은 아니고 하루 중 일정시간을 미리 정해 빼둬도 되고, 업무 시간이 유동적인 경우라면 그때그때 미리 빼둘 시간을 정하면 된다. 아래에서는 주된 유형들 위주로 보자.

①미라클 모닝이나 아침형 인간의 경우처럼 **평소보다 일찍 일어나는 방법**이 있다. 직업이나 라이프스타일 등에 따라 다르겠지만 2순위의 일을 위해 적립해둘 시간은 30분 전후가 적절하다. 다른 일에 크게 영향을 주지 않으면서 최소한도로 확보가 가능한 시간이기 때문이다. 다만 할 일을 떠올리고 순위를 매기는 등의 계획 세우는 시간도 고려하면 평소보다 1시간 정도 일찍 기상하면 충분하다.

②기상 직후에 뭔가 정신이 몽롱하고 집중이 잘 안 된다면 **출근시간을 30분 정도 앞당기는 방법**도 있다. 나는 이 방법을 사용해서 항상 출근 직후 30분은 하고 싶은 일을 하고 있다. 주로 책을 읽지만, 좋아하는

주제에 관해 리서치를 하고 자료를 수집하는 일도 많이 한다. 직원들에 게도 언제 출근을 하든 반드시 출근 직후 30분간은 하고 싶은 일을 하라고 권하고 있다.

③업무 중에 시간이 확보가 되는 경우라면 회의나 다른 일정이 잡히기 전에 '**방해금지 시간**'을 정해두는 것도 매우 좋은 방법이다. 이 방식은 하루하루 일정이 고정되어 있지 않지만 빈 시간이 나는 형태로 일을 하는 사람이 사용하기 좋다. 나는 스마트폰의 캘린더 기능을 이용하여 하루 중 일정시간은 자유롭게 내가 하고 싶은 일을 할 수 있는 시간대를 미리 설정해둔다.

이 부분은 직장에서 상급자와 하급자 또는 일을 분담하는 관계에서도 매우 중요하다. 다른 사람의 요청이나 지시 때문에 해야 할 일을 못하는 경우도 매우 빈번하기 때문이다. 따라서 이런 경우에는 미리 의견을 모아 '공동의 방해금지 시간'을 정해두는 것이 좋다.

마이크로소프트나 페이스북 같은 회사는 일주일 중 하루 또는 그 일부는 'No Meeting Day'를 정해 회의를 잡지 않는데, 같은 맥락으로 이해할 수 있을 것이다. 우리 회사에서도 업무 지시나 요청 등은 정말 급한 경우가 아니라면 오로지 메신저로만(알림을 끄고) 하고 있고, 회의는 일주일에 1회만 하고 있다.

④퇴근 후의 시간을 사용하는 것도 매우 좋은 방법이다. 낮 중에 다른 일들을 처리해두고 저녁이나 밤 시간에 여유 있게 자신을 위한 시간을 갖는 것이다. 퇴근 후 헬스장을 가거나 학원을 다니는 사람들이 좋

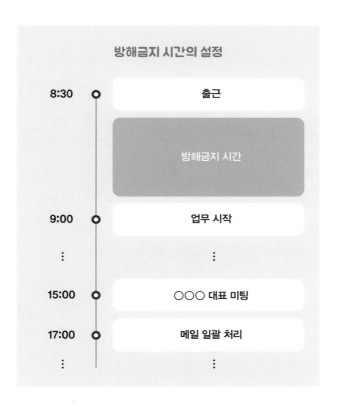

은 예에 해당한다.

**자투리
시간 활용**　앞서 본 방법들과 같이 일부러 시간을 확보하고 적립하는 방식이 아니라, 허비되기 쉬운 시간을 활용하여 2순위의 일을 할 수도 있다. 바로 자투리 시간을 활용하는 것이다.

먼저 놓쳐서는 안 되는 자투리 시간으로 송나라의 구양수가 지적한 '세 가지 위'(삼상, 三上)가 있다. 첫째는 침상(寢上)이다. 이는 침대 위, 즉 누워서 잠들기 전의 시간을 의미한다. 둘째는 마상(馬上), 즉 말 위다. 이는 현대로 바꾸어 생각하면 출퇴근 교통수단을 이용하는 때에 해당한다. 셋째는 측상(廁上), 즉 뒷간 위다. 이는 화장실에 있는 때를 의미한다. 나는 자기 전에 누워서 반드시 e북이나 내가 관심 있어 하는 분야의 자료를 읽고, 출퇴근 시간에는 일부러 대중교통을 타서 책을 읽으며, 화장실에 갈 때도 반드시 읽을거리를 들고 가거나 머릿속으로 생각할 거리를 들고 간다. 물론 자투리 시간이 이에 한정되는 것은 아니다. 나는 출근 준비를 위해 샤워를 할 때부터 머리를 말리고 세수를 하고 신발을 신는 과정까지를 모두 하나의 자투리 시간으로 보고 항상 무언가를 하려고 노력한다. 뿐만 아니라 **생각이나 행동이 정지하는 모든 순간을 자투리 시간으로 여기고 곧바로 준비된 것을 실행에 옮긴다.** 여러분들도 숨어 있는 나만의 자투리 시간을 찾아보자.

나의 시간의 가치는 얼마인가?

나는 특별히 바쁜 일이 없는 경우에도 자주 택시를 탄다. 그것은 내가 택시를 아무 때나 탈 수 있을 정도로 부자라거나 버스나 지하철을 타는 것이 불편해서가 아니다. 서울은 약속장소로 이동하거나 출퇴근시간이 평균적으로 40~50분이 걸리는데, 택시를 탐으로써 그 시간을 온전히 나의 발전을 위한 시간으로 쓸 수가 있기 때문이다. 구체적으로는, 택시를 탐으로써 40~50분간 책을 읽을 수 있거나 전화, 메일회신 등 일을 한 번에 모두 처리할 수 있고, 짧게 재충전을 할 수도 있다. 반면 그 시간에

13,650원을 아끼고(서울의 지하철요금은 1,350원이다) 지하철을 두세 번 환승해서 목적지까지 간다면 온전히 책을 읽는 등의 행동을 할 수 없을 것이다. 13,650원은 매우 큰돈이지만 내 미래를 위한 40~50분은 13,650원을 주고 살 수 없고, 다른 사람이 내 1시간을 사기 위해서는 최소 50,000원의 상담료를 지불하는데 내가 그보다 못한 돈으로 내 시간을 사지 않는다는 것은 내 미래를 위한 투자를 포기한 것으로 느껴지기 때문이다.

대부분은 돈을 사기 위해 시간을 쓰다가, 점차로 시간을 사기 위해 돈을 쓰게 된다. 그 목적이 일이든 내 미래를 위한 시간이든 마찬가지다.

돈을 사기 위해 시간을 쓰는 때   시간을 사기 위해 돈을 쓰는 때

전업 또는 직장인 수험생의 경우 특히 자투리 시간 사용이 중요하다고 하여 단어를 외운다든지 공부를 한다든지 하는 경우가 있다. 하지만 더 효율적인 자투리 시간 사용법은 바로 장기집중력을 요하는 일을 하는 것이다. 자투리 시간이 생겼다고 하여 그때 새로운 공부를 시작한다면 가뜩이나 짧은 시간 중 일부를 새로운 일을 하기 위한 워밍업 시간으로 허비해야 하기 때문이다. 따라서 자투리 시간은 그 시간이 오기 전부터 하던 일을 형태만 바꿔서 이어나가는 식으로 사용하는 것이 시간 관리의 면에서는 가장 효율적이다. 예를 들면 오늘 스카(스터디 카페)에서 열심히 공부를 하고 집으로 돌아가는 데 20분 정도의 시간이 생길 것 같다면, 오늘 공부한 것 중에 20분 동안 머릿속으로 생각하면 풀릴

만한 어려운 문제나 개념 같은 것을 미리 준비해서 자투리 시간을 맞이
하는 것이다. 몸은 걷고 있고 책상에 앉아 있을 때와는 달리 눈이나 손
을 쓸 수 없지만 머리는 계속 공부하는 상태를 유지하는 것으로 생각할
수 있다.

또한 창의적인 아이디어나 새로운 기획 등은 오히려 몸의 각성상태
(텐션)가 지나치게 높지 않은 때에 더 잘 도출된다. 따라서 이를 닦으러
가거나 화장실을 가거나 샤워를 하는 등의 자투리 시간에 이런 일들을
해보자. 이를 '여키스 도슨 법칙(Yerkes-Dodson law)'이라고 하는데, 나는
업무와 관련해 기획을 하거나 아이디어를 떠올리다가 막히면 천천히
샤워를 하면서 생각을 하는 습관을 가지고 있다. 그리고 그때 떠오른
아이디어를 바로 메모할 수 있도록 항상 샤워실에 스마트폰을 들고 가
켜두고 샤워를 한다. 앞서 장기집중력을 요하는 일을 자투리 시간을 활

용해 하는 이유도 이와 마찬가지의 이유에서 이해할 수 있다.

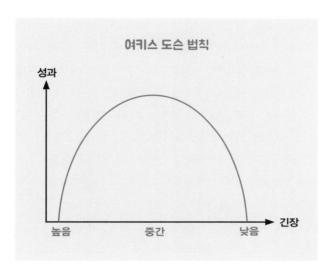

이렇게 보면 장기집중력을 요하는 일들은 ①오랜 시간이 필요하고, ②연속적인 일이 요구되고, ③방해에 익숙하다(=높은 각성 상태를 요구하지 않는다)는 특징이 있다는 점도 알 수 있다.

장기집중력과 단기집중력

집중력에는 장기집중력과 단기집중력이라는 개념이 있다. 집중력의 개념이 학문적으로 정의되고 있는 것은 아니어서 사람마다 의미를 다르게 쓰고 있지만, 나는 단기집중력이란 고도의 각성상태에서 한 가지 일에 몰두할 수 있는 상황으로, 장기집중력이란 반드시 고도의 각성상태를 요구하지 않는 상황을 가리키는 것으로 이해하고 있다. 사람의 뇌는 멀티태스킹에는 적합하지 않지만, 그렇다고 불가능한 것은 아닌데, 내가 오랜 시간 관심을 가지고 있는 것들은 잠시 다른 일을 하다가도 문득 문득 생각이 난다. 나는 이런 경우를 장기집중력을 쓰고 있는 상태로 생각하고 있다. 게임이나 만화, 영화 같은 것에 빠진 학생들을 보면 잠시 공부를 열심히 하다가도 다시 틈만 나면 그것으로 돌아간다. 이는 욕구를 억제하지 못하는 것으로 이해할 수도 있겠지만, 나는 그 학생이 공부가 아닌 다른 것에 장기집중을 하고 있다고 생각한다.

단기집중력은 구체적인 상황을 만듦으로써 그것을 직접 컨트롤할 수 있지만, 장기집중력은 그 구체적인 순간보다도 그것을 발휘할 수 있는 전후 상황을 만듦으로써 컨트롤할 수 있다고 생각한다. 예를 들어 책으로 채워 놓은 집에 사는 아이와 게임기나 놀이기구로 채워 놓은 집에 사는 아이에게 운동을 가르친다면, 그 운동을 하는 순간에는 단기집중력을 발휘하겠지만 운동이 끝난 후에는 각자의 환경에 맞게 책이나 게임에 집중할 확률이 높지 않을까? 이와 관련해서는 내게 장기집중력에 대한 인식을 생기게 해준 한 사법시험 수석합격자의 수기 중 일부를 인용하는 것으로 마무리를 하고자 한다.

"잠자리에 들면서도 그날 공부했던 내용을 떠올려 생각해보고 다음 날 공부할 부분을 생각해보다가 잠이 들곤 했습니다. 그러면 다음 날 아침에 일어날 때는 몸은 피곤해도 그날 공부할 내용에 대한 궁금증과 의욕을 가지고 공부를 시작하게 됐습니다. 이런 식으로 해서 하루하루의 공부가 연속성을 가지게 되고 그날그날 새로운 의욕으로 출발할 수 있어서 집중도의 유지가 가능했던 것 같습니다. 공부하다가 잠깐 화장실에 다녀오는 동안에도 머릿속으로는 공부 내용을 계속 다뤄보았고, 공부 이외의 다른 생각을 했던 모든 시간을 단 5분이라도 생활일지 노트에 체크하면서 그런 시간을 최소화하고자 했습니다. 자투리 시간들도 가능한 한 모두 공부한 내용 한 토막을 생각하는 시간으로 활용하려 했습니다. 이런 식으로 해서 물리적으로는 같은 시간일지라도 공부의 집중도와 밀도는 꽤 높지 않았는가 생각합니다."

중요하지 않지만 긴급한 일의 배치

3순위의 일, 급하지만 중요하지는 않은 일은 급히 처리하기는 해야 하지만 최고의 퀄리티를 내야 하는 일은 아닌 것들이다. 그리고 이 일들은 다른 중요한 일을 처리하는 데 있어 '일이 많이 쌓여 있다'라는 스트레스를 일으키는 것들이 대부분이다.

이런 일들은 모두 모아 한데 묶은 후에, 조직이나 체계를 가진 사람들은 다른 사람들에게, 그렇지 못한 사람들은 1순위의 일을 처리하고 남는 시간의 나에게 일을 맡기면 된다.

일을 맡기는 경우 구체적으로, **결정권자나 리더라면 굳이 내가 하지 않아도 되는 일은 직원들에게 맡기는 것이 좋다.** '나는 꼼꼼한 사람이라 내가 직접 하는 게 마음이 놓인다'라고 생각하는 분들도 계시겠지만, 리더는 방향성을 정하는 일을 하는 사람이지 구체적인 일을 실행하는 사람은 아니다. 즉 리더의 주된 업무는 관리와 검증인 것이다. 유능한 리더는 어떤 일이 일어나고 있는지를 모두 '알고' 있는 것이지, 모든 일어나는 일을 자신이 '하는' 사람이 아니다.

리더가 스스로 하지 않아도 될 일을 직접 처리하게 되면 불필요한 에너지와 시간을 낭비하게 되어 의사결정 방향에서 효율성이 떨어지게 된다. 그리고 그것은 전체 구성원들의 불이익으로 연결된다. 내가 아는 한 CEO는 밤새 할 일이 쌓여 있음에도 새벽 중에 시간을 내어 직접 직원들이 사용할 컴퓨터를 조립하곤 했다. 그 CEO는 '직원들이 내 정성을 알아주겠지'라고 생각했을지도 모르겠다. 하지만 직원들은 그런 사소한 정성이 아니라, 한 달에 한 번 다른 형태로 표현되는 큰 정성에 더 큰 반응을 보일 수도 있지 않을까? 그 '정성스러운' 일로 인해 회사의 전체 수입이 감소한다면 그것은 잘못된 정성이 아닐까?

한편 리더의 자리에 있는 사람이라고 해서 3순위 일을 모두 다른 사람에게 맡겨야 한다는 의미는 아니다. 이와 같이 일을 배치하는 원리는 어디까지나 '1순위의 일을 최적의 시간대에 내가 직접 처리한다'라는 원칙을 지키기 위한 것일 뿐이므로, 다른 사람에게 맡기지 않아도 내가 사용할 시간이 남는다면 직접 처리해도 무방하다. 이 부분은 아래에서 같이 설명하기로 한다.

직접 처리하는 경우   직원이나 구성원 또는 리더인 경우에도 스스로 일을 처리할 시간이 남는다면 가장 중요한 것은 3순위 일을 처리함으로써 발생하는 시간과 에너지의 손실을 줄이는 것이다. 일은 그것이 무엇이든 그 일을 처리하기 위한 워밍업의 시간이 필요하고, 그것이 무엇이든 두뇌에 부하, 즉 스트레스를 줄 수밖에 없다. 3순위의 일들은 중요성이 상대적으로 떨어지는 것들인데 이 **일들을 분산시켜 처리하면 그 일을 처리할 때마다 워밍업을 할 시간과 그로 인한 스트레스를 받게 되는 것이다.** 따라서 3순위의 일은 어느 한 시간에 모아서 처리하여야 한다.

예를 들어 나는 유튜버로서도 일을 하고 있는데, 직원 몇 명과 함께 일을 나눠서 하고 있다. '유튜버 이윤규'에게 1순위 일은 무엇일까? 촬영과 편집이라고 생각하는 사람들도 있겠지만, 유튜버에게 가장 중요한 것은 기획이다. 어떤 아이템을 구독자들이 좋아하는지, 무엇을 발굴해서 어떻게 전달할지를 정하는 것이 유튜버의 일이고, 촬영은 내가 아니어도 누군가가 할 수 있는 일이다. 따라서 이 부분은 내가 다른 사람에게 맡기는 것인데, 내가 직접 출연을 해서 내용을 말하는 부분은 어떨까? 이 역시 내게는 3순위의 일일 뿐이다. 즉 촬영은 다른 사람이 맡아 처리할 3순위의 일, 출연하여 말을 하는 것은 내가 직접 맡아 처리할 3순위의 일인 것이다. 따라서 나는 모든 촬영을 하루에 모아서 그 하루만을 사용한다. 나머지 날에는 기획이나 변호사 업무, 책을 쓰는 일들을 한다.

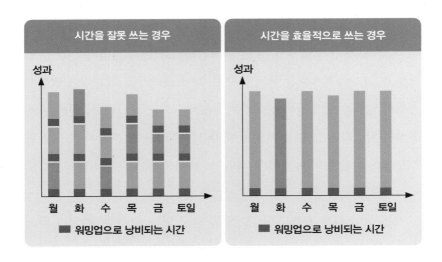

일반적으로도 업무 메일에 회신하거나 출장, 외부미팅은 3순위의 일로 배치할 수 있다. 급하기는 하지만 중요도는 내 주된 업무보다는 떨어질 것이기 때문이다. 이런 일들은 반드시 모은 후에 한 번 또는 두 번에 나눠서 처리해야 한다.

그리고 한 가지 더 덧붙일 것은 메일(Mail)의 뜻이다. 혹시 무슨 뜻인지 정확히 알고 있는가? 우편물이라는 뜻이다. 물론 요새는 편지를 받는 일이 잘 없긴 하지만, 우리가 우편물, 즉 편지를 받으면 그 즉시 모든 일을 제쳐두고 답장을 쓰는지 한번 생각해보자. 그렇지 않을 것이다. 메일도 마찬가지다. 이것은 전자로 오는 '편지'일 뿐이다. 따라서 내가 다른 일을 해두고 어느 정도 시간적 여유를 두고 답장을 해도 문제가 없다. 급한 경우에는 상대방이 제목에서부터 기한을 표시해두거나 전화를 걸 것이다. 즉 이런 일들은 실제로는 그렇지 않은데 나만 더 긴급하게 느끼고 있는 일일 수 있다.

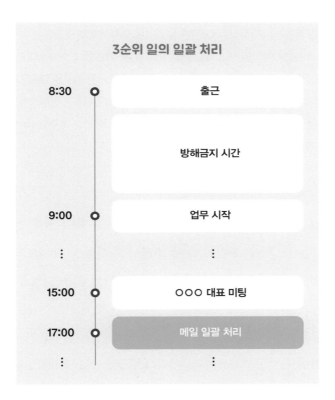

시간 사용의 주도권을 확보하라

메일 처리, 업무연락 등의 일을 하다 보면, 종종 현재의 정보 상태 혹은 상황으로는 바로 결정을 내리기 어려워서 다시 연락을 해야 하는 경우가 생긴다. 이럴 때 어떤 식으로 하는 것이 좋을까? 대부분의 사람들은 상대방에게 친절해야 한다는 생각에, '가능하신 시간을 알려주시면 검토해보겠습니다'라는 식으로 회신을 한다. 하지만 이는 시간 사용의 주도권을 상대방에게 내어주는 방식이다. 이렇게 회신을 할 경우 상대방이 시간을 정해서 다시 알려주기 전까지는 그 일을 아예 진행하지 못할 뿐 아니라, 다시금 그 회신에 대해 검토하고 재회신을 하는 시간을 써야 한다. 하지만 이런 상황에 예를 들어 '3.4.(화) 오후 3시, 3.6.(목) 오후 3시, 3.8.(토) 오전 10시 중 혹시 가장 편하신 시간대가 언제이신가요?'라는 식으로 대략의 범위와 선택지를 정한 후에 상대방에게 결정권을 주면 크게 예의에서 벗어나지 않으면서 시간을 나의 주도 하에서 사용할 수 있게 된다.

수험생의 경우 수험생의 경우 3순위 일은 예를 들어 공부 장소나 지역을 옮기고 싶어 스카나 독서실을 알아보거나 방을 구하는 일, 오늘 배운 것을 의식적으로 되뇌어서 외우는 일등을 들 수 있다.

수험생은 매우 짧은 기간을 수험이라는 특수한 목적을 가지고 생활하는 사람이므로 공부와 관련된 이외의 일들은 가급적 하지 않는 것이 좋다. '나는 책임감 있는 사람이 될 거야'라고 생각하며 사소한 일까지 모두 스스로 하려는 경우가 많은데, 회사의 동료·부하직원보다 훨씬 친밀하고 나의 요구를 잘 알아줄 사람은 바로 가족이다. 가족들을 잘 활용하는 것이 중요하고, 성적을 잘 받은 후에 충분히 그 노력에 대한 대가를 좋은 의미로 되돌려줄 수 있다.

그날그날 배운 것을 암기하는 것은 지식 습득의 방법에 대한 이해가 부족하기 때문에 저지르는 실수다. 시험을 치르면서 책을 한 번만 보는 계획을 세우지 않기 때문에 반복을 해서 보게 되어 있고, 그 과정에서 의식적이든 무의식적이든 외워지는 것이 발생을 한다. 따라서 의식적인 암기는 시기적으로 공부의 가장 마지막 부분에서 해야 하는 일이다. 즉 '긴급하지 않은 일'에 해당한다.

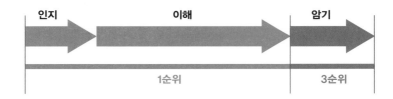

중요하지도 긴급하지도 않은 일의 배치

급하지도 중요하지도 않은 일은 1순위부터 3순위까지의 일을 모두 배치했음에도 시간이 남는 경우에만 한다. 그 외의 경우에는 목록에서 삭제를 한다.

나만의 마감일을 설정할 것

1순위에서 4순위까지의 일을 모두 배치하는 작업을 끝냈다면, 이제는 나만의 데드라인, 일의 기한을 정할 차례다. 1순위에서 4순위까지의 일을 나누는 기준 중 하나가 '긴급성'이었고 그 과정에서 일의 데드라인이 모두 고려가 되었을 것이다. 따라서 **여기서의 데드라인은 객관적인 것보다 더 빨리 당겨서 처리할 나만의 데드라인을 의미한다.**

생각해보면 어릴 때부터 우리는 데드라인이 있을 때, 데드라인에 근접했을 때부터 움직이기 시작했다. 숙제 제출 직전에 친구의 것을 빌려서 베끼거나 한 기억을 누구나 가지고 있을 것이다. 수험생의 경우도 1년 정도 공부를 한다고 하면, 정말 성실하게 1년 내내 공부하는 경우는 생각보다 많지 않다. 시험 한두 달 전이 되어서야 급히 공부를 시작하는 일이 다반사다. 직장인도 마찬가지다. 상사가 준비한 일을 보자고 얘기를 하거나 마감시간에 임박해서야 일을 시작한다.

데드라인 이펙트　여기서 알 수 있는 사실은 적절한 스트레스는 높은 수준의 집중력을 발휘하게 해준다는 것이다. 데드라인을 지키지 못할 경우에 내가 얻지 못할 이익 또는 내게 발생할 불이익이 느슨해져 있던 우리의 마음을 팽팽히 당겨준다. 이를 '데드라인 이펙트(Deadline Effect)'라고 하는데, 개인적으로는 이 역시 앞서 보았던 '성취동기이론'으로 이해할 수 있다고 생각한다. '아직 시간적 여유가 있음=누

워서 떡먹기=의욕 낮음', '데드라인에 임박=난이도 상승=의욕 고취'로
볼 수 있기 때문이다.

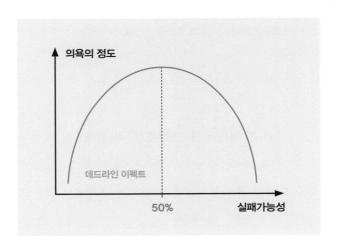

곰브리치의 세계사, 헨델의 메시아를 비롯한 많은 역사적인 성취들
이 매우 짧은 기간에 이루어졌다는 사실도 이와 무관하지 않다고 생각
된다. 앞서 설명한 목요일에 업무를 종료하는 방법이라든지, 국내 최대
기업에서 시행 중인 4시 퇴근 방식 같은 것들도 마찬가지로 이해할 수
있다.

하기 싫은 일은 일부러 자진해서 맡아라

앞서 하기 싫은 일, 억지로 하는 일 속에서도 자신의 미래와 접점을 찾아 일을 통해

성장을 해야 한다고 했다. 하지만 어떻게 생각해도 그렇게 되지 않는 경우가 있다. 그럴 때는 차라리 먼저 나서서 하기 싫은 일을 맡겠다고 해보자. 데드라인 이펙트가 스스로와의 약속이라면, 이 방식은 다른 사람과의 약속에 해당하므로 더 큰 효과를 볼 수 있다. 물론 더 큰 책임감과 부담감 속에서 일을 하는 점이 나를 주저하게 만들겠지만, 그것은 내가 얼마든지 긍정적으로 활용할 수 있는 부분이다. 도전이 없다면 얻는 것도 없지 않을까?

**구글
타이머**　　그리고 데드라인 이펙트를 적극적으로 활용한 도구도 있다. 바로 '구글 타이머'다. 이 시계는 구글에서 회의를 할 때 사용을 한다고 유명해졌는데 실제로는 구글에서 만든 것은 아니지만 이렇게 부르고 있다. 활자라는 것은 내 머릿속으로 한 번 더 해독(Decryption)을 하는 과정을 거쳐야 하기 때문에 인식이 늦지만 **색깔과 형태는 인식이 매우 빠르기 때문에** 즉각적으로 현재 남은 시간, 즉 데

Time Timer(일명 구글 타이머)

드라인을 알 수 있는 **효과**가 있다. 나도 업무를 하거나 30분간 책을 읽을 때 애용하는 도구이고, 수험생의 경우에도 25분 공부법인 뽀모도르 공부법을 사용할 때 매우 잘 활용할 수 있다.

일의 연속성을 고려할 것

워밍업과 쿨링다운　순위에 따라 일을 배치할 때 한 가지 더 고려해야 할 점이 있다. 바로 일의 연속성이다. 컴퓨터조차 한참 동안 쓰지 않고 있다가 프로그램을 실행시킬 경우 동작까지 약간의 시간이 걸린다. 정보를 불러오는 데 시간이 걸리는 것이다. 그런데 사람은 어떨까. 당연히 어떤 일을 하기 전에 그 일을 하기까지 준비를 위해 들어가는 시간이 필요하다. 말하자면 뇌를 깨우는 '워밍업'을 위한 시간이라고 할 수 있다. 일을 끝낸 후에도 마찬가지다. 다음 일을 하기 전에 **'쿨링다운'을 하지 않으면 과부하가 발생해 효율이 떨어진다.**

물론 이 시간들은 그 일을 하기 위해 반드시 필요한 시간에 해당한다. 하지만 그 시간 동안 의미 있는 일을 하기는 어렵기도 하다. 그런데 비슷한 일을 하면서 각자를 다른 시간에 배치한다면 한 번의 워밍업과 쿨링다운만으로 끝날 것을 여러 번 같은 일을 하면서 시간을 낭비하는 결과가 된다.

꼭 필요한 에너지 낭비 – 워밍업과 쿨링다운

좋은 점	나쁜 점
워밍업이 없이는 본격적인 일을 하기 어렵다. 일이 끝나면 쿨링다운을 해줘야 다음 일을 할 수 있다.	시간과 에너지의 낭비가 발생한다.

예를 들어보자. 매주 월요일마다 A라는 일을 4주에 걸쳐서 하는 것과, A라는 일을 월화수목 사흘간 끝내는 것 중에 무엇이 더 효율이 높을까? 매주 월요일마다 일을 처리하면 뭔가 짜임새가 있어 보이고 규칙적인 느낌이 들지만 실상은 그렇지 않다. 한 주 만에 다시 그 일을 하기 위해서 머릿속 깊은 곳에 있던 기억을 다시 찾아서 끄집어내는 작업이 필요하다. 그리고 이렇게 장기간에 걸쳐 일을 퍼뜨려 놓는 경우에는 속된 말로 '퍼지는 경우'가 빈번하다. 어차피 이렇게 오래 걸린 것 조금 더 시간을 투자해도 되겠다고 생각을 해버리는 경우가 종종 발생한다는 것이다. 반면 월화수목 사흘간 연이어 일을 처리한다면 불과 어제 했던 일을 다시 하는 것이어서 워밍업과 쿨링다운에 드는 시간과 노력이 그렇게 크지 않다.

구글 스프린트 이 원리와 앞서 설명한 데드라인 이펙트를 섞어서 사용하는 것이 구글의 '스프린트(Sprint)'다. 통상적으로 몇 개월이 걸리는 업무를 월화수목금 단 5일 만에 끝내는 구글의 혁신적인 시간 관리법, 업무처리기술로 잘 알려져 있다. 월요일에 기획을 시작해 화요일에 시안들을 만들고 수요일에 하나를 선택한다. 그리고 목요일에 시제품을 만들고 금요일에 테스트를 하는 것이 그 내용이다.

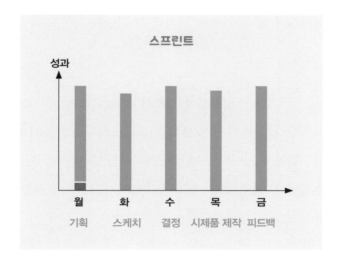

우리 회사에서는 이 방법을 응용해서 동영상의 촬영과 편집, 피드백 등을 몰아서 한 번에 하는 것이 아니라 하루 일정한 시간씩을 배분하여 연속적으로 처리하는 방식을 택하고 있다. 물론 앞서 설명한 '단계를 나누는 것의 이점'을 누리기 위해 촬영을 하루에 모두 몰아서 한다. 예를 들어 매주 목요일에 업로드 하는 영상의 경우, 금요일에는 영상 기획, 월요일에는 대본 및 촬영자료 제작, 화요일에는 영상 촬영, 수요일에는 가편집 완료 및 섬네일 작업, 피드백, 목요일에는 영상 공개, 이런 순서로 일을 진행하고 있다.

그러나 오해하면 안 되는 것이 스프린트가 무슨 일이든 5일 만에 끝내야 한다는 원칙은 아니라는 점이다. 5일이라는 기간은 구글 내부에서 업무를 최적화한 결과로 그와 같이 표면화된 것일 뿐, **적절한 데드라인과 일의 연속성** 두 가지를 지키면 그 기간은 얼마가 되든 관계가 없다.

수험생의 경우　요즘 수험생들의 경우에 이 원리를 알지 못해 시간을 낭비하는 경우가 매우 많다. 물론 수험생 자체의 문제라기보다는 학원 시스템의 문제이기도 하지만, 혼자 스스로 시간계획을 다듬을 수 있는 경우에까지 비효율적으로 시간 관리를 하는 것은 역시 문제다.

본격적인 일, 공부에 있어서도 성과를 내기 위해서는 일정한 기간 동안의 집중적인 시간 투자가 필요하다. 공부라는 것은 실은 새로운 정보를 머릿속에 입력하는 일인데, 새로운 지식을 내가 종전에 알고 있던 지식으로 분해하여 재구성하는 정도(이를 '정교화', Elaboration이라고 한다)에 이르지 않으면 정보는 장기기억에 남지 못하게 되고, 결국 다시 그 새로운 정보를 보고 되뇌기를 하는 작업('시연', Rehearsal)을 반복해야 하기 때문이다.

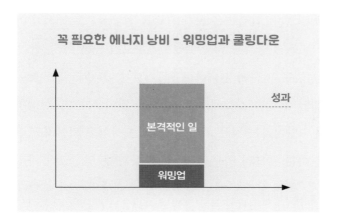

꼭 필요한 에너지 낭비 – 워밍업과 쿨링다운

그런데 하루에 이질적인 여러 과목을 공부하면서 모두 머릿속에 남기려고 한다면 과연 어떤 일이 일어날까? 그것들을 모두 내 것으로 만들 수 있을까? 그렇게 하고 싶을 것이고, 성적을 잘 받는 사람들은 그렇게 하고 있다고 오해할 수도 있겠지만, 그것은 불가능하다.

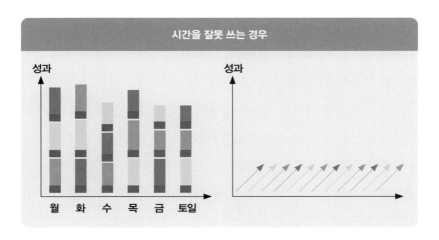

시간을 잘못 쓰는 경우

성적을 잘 받는 사람들은 시간 관리를 성공적으로 해서 언제 무엇을 뇌에 집어넣을 것인지를 효율적으로 잘하고 있는 것이지, 한 번에 다양한 새 정보들을 머리에 입력하고 있는 것이 아니다. 예를 들어 선행학습이 의미가 있냐는 것들에 대해 얘기를 많이 하는데, 선행학습을 한 사람에게 수업이라는 것은 이미 알고 있는 지식을 되살리고 잘못된 정보를 수정하는 정도의 아주 쉬운 일에 불과하지만, 그런 과정이 없는 사람에게는 모든 정보가 새로 입력해야 할 대상일 수밖에 없다. 오해하지 않기를 바라는데, 선행학습을 하라는 의미가 아니라 시간이 허용되는 한도 내에서 선행학습이든 주말 간의 적절한 예습이든 내가 수업을 어떤 형태로 활용할지 계획이 서 있지 않은 상태에서는 시간 낭비가 발생할 수밖에 없고, 그 상황에서는 아무리 열심히 공부를 해도 그만큼의 성적을 받기는 어렵다는 의미다.

가장 좋은 방법은 인풋과 아웃풋을 나눠서 한 주기 동안 한 과목만 공부를 하는 것이다. 국어나 영어, 수학처럼 인풋이 끝난 과목이 있다면 매일 또는 격일로 문제를 풀고, 나머지 시간은 사회나 역사와 같은 과목의 인풋에 투자하면 된다.

학교나 학원을 다니기 때문에 하루에 여러 과목을 공부해야 할 때는 며칠씩 묶어서 그 기간 동안 중점적으로 공부할 과목을 수업 전후의 시간을 이용해서 예습과 복습을 끝내고, 나머지 시간은 그 선택한 과목의 공부에 집중하는 것이 좋다. 특히 공부가 끝나면 반드시 살아 있는 기억을 이용하여 그 자리에 빠르게 복습을 끝내야 한다(최신효과). 이렇게

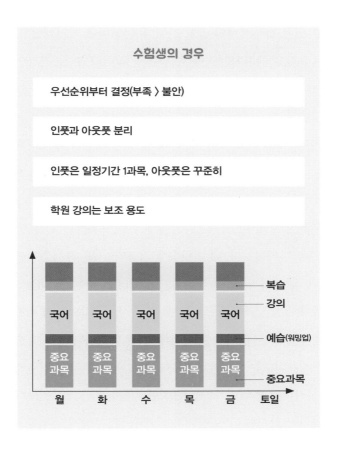

수험생의 경우

우선순위부터 결정(부족 〉 불안)

인풋과 아웃풋 분리

인풋은 일정기간 1과목, 아웃풋은 꾸준히

학원 강의는 보조 용도

복습
강의
국어 국어 국어 국어 국어
예습(워밍업)
중요 중요 중요 중요 중요
과목 과목 과목 과목 과목
중요과목
월   화   수   목   금   토일

해서 일정한 지식체계를 만들면 이후부터 지식입력작업, 즉 공부의 효율이 비약적으로 상승한다(이를 '직관', Intuition이라고 한다).

직장인 수험생 직장인 수험생은 전업 수험생과는 다른 접근이 필요하다. 직장인 수험생에게 있어 1순위의 일은 바로 내가 현재 다니고 있는 회사에서의 일일 것이다. 이직이나 자기계발을 위한 공부 등은 3순위로 매겨지는 것이 일반적일 것이다. 이는 직장인 수험생은 직장인이나 전업수험생과는 달리 서로 다른 두 종류의 일을 하고 있다는 것으로, 하고 싶은 일이나 보상적인 의미의 휴식이 들어갈 자리에 또 다른 일이 자리 잡고 있는 것이다. 따라서 **직장인 수험생에게는 무엇보다도 '다시 다른 종류의 일'을 할 수 있는 정신적인 동력, 에너지를 확보하는 것이 중요**하다.

이를 위한 것으로 이웃나라 일본에서 주로 사용하는 'ON-OFF 스위치'의 개념을 기억해두자. 내 머릿속에 컴퓨터가 두 대 들었다고 생각을 해보자. 한 대는 1순위 일을 처리하는 컴퓨터고, 다른 한 대는 3순위 일을 처리한다. 그런데 두 대는 동시에 켜서 작동시킬 수 없다. 두 컴퓨터에 전기를 공급하는 장치는 하나밖에 없기 때문이다. 이때 1순위 일을 처리하는 컴퓨터로는 일을 다했고 3순위 일을 처리하는 컴퓨터로 새롭게 일을 시작해야 한다면, 내가 해야 할 행동은 무엇일까? 맞다. 바로 1번 컴퓨터의 스위치를 OFF 상태가 되게 누르고, 잠시 전원을 충전시킨 후에 3번 컴퓨터의 스위치를 ON 상태가 되도록 누르는 것이다.

이처럼 **1번 일의 스위치를 OFF로, 휴식 스위치는 ON으로** 만들어 3순위 일의 스위치를 ON으로 켤 수 있는 상태를 만드는 것이 매우 중요하다. 다만 머리로는 인식이 쉽지만 몸은 안 그런 경우가 많기 때문에 샤워나 산책, 명상, 음악 듣기 등의 행동을 통해 내 몸도 이제 1순위 일을 끝내고 3순위 일로 넘어가기 위한 준비를 할 수 있도록 돕는 것이 좋다.

이와 달리 퇴근 직후에 사무실에서 그대로 공부를 하는 경우도 많지만, 최소한도의 휴식이나 리프레시조차 되지 않아 생각보다 공부의 효율이 높지 않다. 나도 일이 많을 때는 종종 사무실에서 도시락을 시켜 먹으면서 다른 일을 하기도 하지만, 효율이 그다지 높지 않다는 것을 깨닫고부터는 당장은 시간이 아까운 것 같지만 일단은 일을 정리하고 퇴근한다. 그리고 귀가하는 중 음악을 듣고 돌아오는 대로 샤워를 한 후에(스타트업 일 스위치 OFF + 휴식 스위치 ON), 다른 일을 시작하고 있다.

멀티태스킹

한 번에 여러 가지 일을 하는 것을 '멀티태스킹'이라고 한다. 누구에게나 시간은 동일하게 주어지는데 그 시간에 두 가지 이상의 일을 함께

할 수 있다면 그것보다 더 효율적인 시간 사용법은 없을 것이다. 다만 인간의 뇌는 기본적으로 멀티태스킹에는 강점을 가지고 있지 않으므로 실제 이 방법이 쓰이는 범위나 분야는 그렇게 광범하지는 않다.

멀티태스킹을 하는 방법에는 두 가지가 있다.

첫 번째 방법   첫째는 서로 다른 일이고 서로 다른 목표를 가지고 있는 데 같은 시간에 두 가지 일을 동시에 함으로써 그 각각의 목표를 모두 달성할 수 있는 경우다. 여기에 해당하는 대표적인 예가 장기집중력을 요하는 일을 하면서 동시에 단기집중력을 요하는 일을 하는 것이다. 이에 대해서는 자투리 시간을 활용하는 방법에서 이미 보았기 때문에, 여기서는 핵심적인 사항만을 짚고 넘어가기로 한다.

이때 중요한 것은 ①첫째, 무엇보다도 인식을 전환하는 것이다. '비는 시간이 생겼는데 지금 뭘 하면 좋을까?'라고 생각하는 것이 아니라, **'원래부터 쭉 해오던 일을 이 빈 시간에도 계속해서 해야겠다'라고 생각의 방향을 바꾸는 것이 중요하다**는 의미다. ②둘째, 항상 무언가 새로운 행동을 시작하기 전에 잠시 멈추고 **'다른 일도 지금 함께할 수 있는 게 있을까?' 하고 생각하는 습관**, 내가 전부터 머릿속에서 장기간 집중해서 생각해오던 일이 있는지 탐색하는 습관을 들이는 것이다.

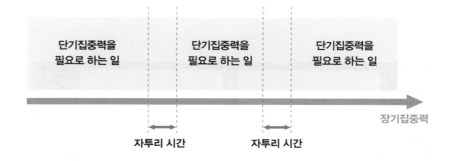

업무차 외부회의나 미팅이 있는 경우를 생각해보자. 회의나 미팅 준비를 모두 끝내지 못해 이동 중에도 그것을 준비해야 하는 경우를 제외하면, 이동 중에는 머릿속으로 중요한 기획이나 보고서의 초안 같은 것들을 생각하는 것이 좋다. 이는 장기집중력을 요하는 일이기 때문이다.

이와 관련해서 직장인 수험생을 위한 시간 관리 팁을 한 가지 더 얘기해보기로 한다. 앞서 '파레토의 법칙'에서 보았듯이 직장인 수험생의 공부 루틴은 밤에 시작이 되고 인풋은 그다음 날 오전 중에 끝낸다. 출근 후에는 여러 가지 일을 처리하는데, 업무 시간 중 정말 모든 정신과 에너지를 쏟아 일을 해야 하는 시간에는 어쩔 수 없지만, 나머지 시간에는 컴퓨터 바탕화면에 아웃풋을 위한 문제들을 넣어두거나 어제 밤과 낮에 공부한 내용들을 완전히 정착시킬 수 있도록 이미 공부한 내용을 넣어두는 것이 좋다. 어떤 일을 반복적으로 하다 보면 뇌가 의식해서 그 일을 하는 것이 아니라 몸이 기억하여 자동적으로 그 일을 하게 되는데(이를 '자동화' 또는 '절차화'라고 한다), 그 시간만큼 뇌는 일을 하지 않고 있기 때문이다.

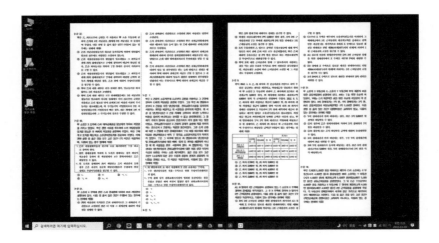

두 번째
방법
둘째는 하나의 일을 함으로써 동시에 여러 가지 목표를 달성할 수 있는 경우다. 예를 들어 토익 공부를 하는 김에 회화까지 공부해서 유학준비까지 함께하겠다든지, 공인중개사 준비를 하면서 나중에 취업하고 싶은 회사 일에 관한 공부까지 함께하는 경우 등이다.

이 방법의 핵심은 현재 내가 하고 있을 일의 범위를 조금만 더 넓게 잡으면 함께 달성할 수 있는 목표가 있는지를 확인하는 것, 즉 내 장래의 계획 속에서 현재가 갖는 가치를 재확인하는 것이다. 별다른 영어공부를 하지 않고 있다가 유학준비를 하는 일에는 매우 큰 노력과 시간이 필요하겠지만, 토익이라든지 영어공부를 하고 있던 사람이 유학준비까지 더 하는 것은 앞의 경우에 비하면 추가적으로 필요한 노력이나 시간이 보다 적다. 토익공부가 곧 유학준비라는 일의 일부가 되어 함께 목적을 이룰 수 있게 되는 것이다.

이런 시간 사용법을 두고 '**덧셈 방식의 시간 사용법**'이라고 부르는 경우도 있다. 기왕 사용하는 시간에 '무언가를 더해' 더 유용한 시간으로 사용하는 것이 바람직하다는 의미다.

나는 이런 식으로 사고를 하는 것이 습관이 되어 있는데, 가장 큰 계기는 법무부에서 근무하던 때에 있었다. 내가 법무부에서 일하는 동안 장관 직속부서에서 대통령 보고용 자료를 만들던 때가 있었는데, PPT나 디자인과는 전혀 관계가 없는 일을 해오던 나로서는 그 일 자체의 난이도뿐 아니라, 그 시간들이 내 법조 경력과는 관계없는, 낭비가 되는 시간이 되지 않을까 걱정을 하기도 했다. 하지만 내 꿈 중 하나는 사람들에게 법을 쉽게 가르치는 것이었고, 대한민국 법무부장관이 대통령을 상대로 사용할 자료를 훌륭하게 만들 수 있을 정도면 법학강의의 필기(옛날 표현으로는 '판서')에 있어서는 적어도 우리나라에서는 제일 잘할 수 있지 않을까, 전달력의 면에 있어서는 최고의 선생님이 될 수 있지 않을까 생각을 하면서 그 시간을 사용했다.

컴프리헨서블 인풋과 다이렉트니스 러닝

과거에는 기본적인 개념이나 정의부터 공부를 하고 이후에 관련개념, 기본문제, 예제나 연습문제, 실전문제와 적용으로 나아가는 형태로 공부를 했다. 이처럼 체계를 만들면서 공부를 쌓아나가는 방법을 '시스템 인풋(System Input)'이라고 한다.

반면 최근의 유행은 예를 들어 영어회화를 잘하고 싶다고 한다면 바로 영어회화 공부를 시작하고, 다만 영어를 읽고 기본적인 문법을 해야 '회화 공부를' 할 수 있으므로 최소한도로 보충을 한 후에 바로 내가 목표로 하는 것을 공부하는 보다 직접적인 방식이다. 이를 '컴프리헨서블 인풋(Comprehensible Input)' 또는 '다이렉트니스 러닝(Directness Learning)'이라고 한다. 어렵게 전치적인 것들을 공부할 필요 없이 곧바로 모든 것이 포함된 것으로 편하게 공부를 한다는 뜻 또는 중간과정을 건너뛰고 바로 목표에 맞게 공부를 한다는 의미를 담고 있다.

지식습득 또는 일처리 방법으로 어느 것이 더 효율적이라거나 타당하다고는 말할 수 없지만, 적어도 단기간에 성과를 내는 세계적인 공부 천재들은 대부분 후자의 방식을 사용하고 있다. 시스템 인풋의 경우 본래 목적까지 가기도 전에 지치는 경우가 많다는 점에서, 이는 습득 대상의 난이도에 따라 성취 동기가 달라진다는 '성취동기이론'과도 관련이 있는 것으로 생각된다.

📍 SUMMARY 4

- 계획의 종류에 따라 적절한 계획표를 준비하기, 추천하는 것은 빈 종이+스마트폰 조합.
- 직접 만드는 다이어리(불렛저널)은 만족감은 크지만 시간 낭비가 될 수도 있다.
- 단기계획이 아니라 장기계획부터 배치한다.
- 1순위의 일은 '파레토의 법칙'에 따라 배치하되, 신체리듬상 최고조에 이를 때를 함께 고려한다.
- 2순위의 일은 '적립식 시간 사용법'에 따른다.
- 자투리 시간은 장기집중력을 요하는 일을 '끊어지지 않게' 처리하기 위한 시간이다.
- 3순위의 일은 다른 사람에게 맡기거나 최저효율이 아닐 때 처리한다.
- 데드라인 이펙트와 구글 타이머를 활용한다.
- 워밍업과 쿨링다운을 고려해야 시간낭비를 줄일 수 있다. 이 점을 적극 활용한 것이 '스프린트'다.
- 멀티태스킹에는 두 가지 방법이 있다. 첫째는 서로 다른 일을 해서 서로 다른 2개 이상의 결과를 만드는 것이고, 둘째는 하나의 일로 2개 이상의 결과를 만드는 것이다.

제3장

효율적인 시간
사용을 위하여
지켜야 할 실행방법

실행 전에 해야 할 일들

양적인 시간 개념에 익숙해져라

요즘은 아날로그 시계를 쓰는 사람들이 많지 않다. 디지털 기기의 보급으로 대부분 숫자를 통해 시간을 파악한다.

하지만 여러 번 설명한 바와 같이 색상과 위치 등의 **시각** 정보가 **활자를 통해 얻는 정보보다 훨씬 처리 속도가 빠르다.** 이를 '직관적'이라고 표현하기도 한다. 시간 관리에 있어 중요한 것은 내게 시간이라는 자원이 얼마만큼 남아 있는지를 잘 확인하는 것인데 직관적으로 확인하는 것이 훨씬 유리하다.

또한 디지털 시계는 시간을 점의 개념으로 파악하게 한다. 디지털 시계를 통해서는 '지금이' 몇 시인지만을 알 수 있다는 의미다. 내가 설정한 데드라인 등까지 얼마만큼의 시간이 남았는지를 별도로 계산하는 과정이 필요한 것이다. 하지만 아날로그 시계를 통해서는 현재의 시각뿐 아니라 내가 설정한 시간까지 얼마나 남았는지 훨씬 쉽게 파악할 수 있다. 즉 시간을 선이나 면의 개념으로, 보다 양적으로 파악할 수 있는 것이다. 이 점을 특히 더 시각적으로 강조한 것이 앞서 보았던 '구글 타이머'였다.

그래서 나는 학생시절부터 지금까지 항상 아날로그 시계만을 써왔다. 어쩌면 수험생 시절 시험종료 시간까지 얼마나 남았는지 확인하고 남은 시간 동안 최적의 행동이 무엇인지를 확인하는 습관이 생긴 것이 지금까지 이어져 있는지도 모르겠지만, 자연스럽게 시간이라는 자원을 쓰는 법을 알게 해주는 훌륭한 도구라고 생각한다.

일단 시작하라

**지금 당장
시작하라** 시간 관리뿐 아니라, 인생 전반에 대한 것으로 내가
좋아하는 말이 하나 있다. "Start your someday, today!"
언젠가 하겠다고 생각하지 말고 지금 당장 시작하라는 말인데, 지금 당
장 바뀌지 않으면 영원히 바뀌지 않는다는 의미도 담고 있다.

나는 언제부터인가 사람은 왜 잘 바뀌지 않는지, 왜 의지가 쉽게 약
해지는지에 대해 고민하기 시작했다. 그리고 어느 날 내 나름의 결론을
하나 내리게 되었다. 바로 사람은 누구나 의지를 가지고 있고 쉽게 바뀔
수 있으며 실제 그와 같이 바뀌는 데 시간이 많이 걸리는 것도 아니지
만, 바뀐 이후에 그 새로운 모습에 책임을 지지 못할 뿐이라는 것이다.

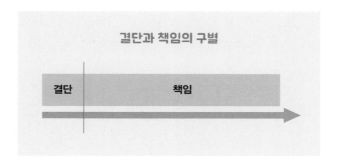

이렇게 보면 어떤 좋은 일, 바람직한 일을 해야 할지 말지를 고민하
는 것은 실은 내가 바뀌기 싫은 이유를 고민 중인 것일 뿐인 것이다. 그

일이 바람직하다는 판단, 내가 그 바람직한 일을 해보겠다는 판단을 내리면 바로 바뀔 수 있다. 그렇지만 내가 포기해야 할 것들, 감수해야 할 불편함이 내 결단을 방해하고 도망칠 핑곗거리를 찾게 하는 것이다.

따라서 시간 관리에 관한 책을 읽거나 어플을 다운받는 등으로 새롭게 결의를 다진 후에 주의해야 할 점은, **끊임없이 자신의 결단에 책임질 수 있도록 노력**해야 한다는 것이다. 그 결단 자체가 나의 삶을 바꿔준다거나 이후의 변화를 보장하지 않는다. 어떤 사람들은 이후에 전혀 노력하지 않고 책임지지 않으면서 애초에 자신의 결단이 왜 굳건하지 못했는지를 탓한다. 하지만 그것은 접근이 잘못된 것이다. 내가 왜 내 올바른 행동에 책임을 지지 못하는지를 반성해야 한다.

**시작이
어려운 이유**
　물론 계획대로 실행을 하는 것은 매우 어려운 일이다. 그 이유는 정말로 시작이 어렵기 때문이다. 이 역시 앞서 설명한 성취동기이론과 큰 관련이 있다. 일을 시작할 때는 어떠한 성취도 없는 상태이기 때문에 일을 완성시킨다는 것이 매우 어렵다고 생각을 하고, 그로 인해 어떤 의욕이 생기지 않기 때문이다.

따라서 이 경우에는 작은 성취감을 맛보면서 일에 대한 나의 주관적인 난이도를 낮추는 것이 필요하다. 이를 위해 가장 필요한 것은 일단은 무조건 자리에 앉는 것이다. 그리고 난이도를 고려하지 않고 일을 시작한다. 다만 어려운 일은 절대 손대지 말고 일단은 뒤에서 보듯 실행의 세부단계를 잘게 나누어 가장 쉽고 단순한 일부터 처리를 해본다.

그리고 그 단계들을 반복해나간다. 그 과정에서 전체적인 일의 진행 정도를 점검하는데, 점차로 '할 만 하다'는 생각이 들면서 일을 계속할 수 있게 될 것이다.

지금은 한 번 일을 하면 앉은 자리에서 밥을 먹으며 10시간이고 앉아 있을 수 있지만, 학창시절에는 그렇지 못했다. 특히 법학과에 재학 중일 때 공부를 등한시해서 제적을 당했는데, 그때만 해도 하루에 30분 공부를 하는 것이 쉽지 않았다. 그러던 내가 지금처럼 한자리에서 아주 오랜 시간 동안 앉아서 일을 할 수 있게 된 것은 앞서 설명한 것처럼 **일단은 앉는 습관과 일단은 시작하는 습관**을 만들었기 때문이다.

나를 끌어주는 말과 감사로 하루를 시작하라

잠에서 깨어 하루를 시작하는 순간, 가장 먼저 할 행동은 무엇일까? 나의 방식이 정답이라고는 할 수 없지만, 나는 항상 오늘의 나를 끌어주는 말을 떠올리며 하루를 시작한다. 하품을 하면서 커피머신의 스위치를 올린 후에는 세수를 하러 들어가는데, 세수를 하는 동안 어떤 다짐으로 하루를 보낼지 생각한다. 그리고 세수를 끝내고 일을 하러 나갈 준비가 끝나면 내 하루계획표의 머리 부분에 그 다짐을 적으며 계획을 짜기 시작한다.

최근에 나의 다짐은 항상 같은 내용이었다. '오늘 하루 우리 동네에서 가장 치열하게 사는 사람이 되겠다'는 것이다. 이런 다짐들에 익숙해질 때쯤은 현재의 내가 있게 해준 모든 것에 감사하는 마음을 느껴본다. 나는 다른 사람보다 의식적으로 잠을 적게 자는 편이기 때문에 아침에 일어나서부터 몸이 지쳐 있고 더 무겁다는 느낌을 받는다. 아침에 일어나 기분이 좋았던 적은 본격적인 수험생활을 시작하고부터 지금까지 거의 하루도 없었던 것 같다. 이런 나를 정신적으로 이끌어주는 것이 바로 이 하루의 다짐과 감사하는 마음이다.

요즘은 이것이 습관이 되어 따로 적어두고 있지는 않지만, 고시공부를 하던 때에는 오늘 하루 나의 지침으로 삼을 말, 다짐들을 포스트잇에 적어 책상 앞에 붙여두었다. 그리고 마음이 해이해지거나 포기하고 싶을 때, 또는 스스로 다독여주고 싶을 때 그것들을 보면서 한 번 더 힘을 냈다.

요즘은 다이어리에 처음부터 명언 같은 것들이 인쇄되어 있는 경우들이 많다. 그것들을 활용하는 것도 괜찮은 방법인 것 같고, 그런 다이어리를 사용하지 않거나 애초에 종이, 스마트폰 등을 사용하는 경우라면 잠시 시간을 내어 명언 같은 것들을 검색해보기를 권한다. 종교를 가진 사람이라면 지침이 되는 말을 찾기가 더욱 쉬울 것이다.

자기 다짐과 동기부여

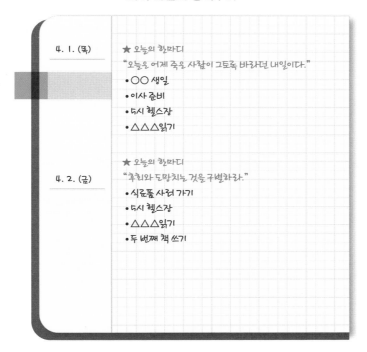

방해물을 미리 제거하여 최적의 환경을 만들라

계획을 위한 도구들을 설명하면서 조금 언급했지만, 시간 관리에 있어 가장 큰 방해물 중 하나가 디지털 기기다. TV는 물론이고 스마트폰이나 태블릿을 통한 SNS, 뉴스피드, 인터넷, 메일 어플, 게임, 메신저 등에 한 번 빠지면 습관적으로, 그리고 무의미하게 시간을 보내기가 일쑤다. 본래 이름 붙이기는 일본 사람들의 주특기인데, 이번에는 서양 사람들이 이런 것들에 이름을 붙였다. '사이버 빌런(Cyber Villan)' 또는 '인피니티 풀(Infinity Pool)'로, 사이버 세계의 악당 또는 한 번 빠지면 빠져나올 수 없는 무한대 크기의 수영장이라는 뜻이다.

눈치 빠른 사람들은 각종 자료 화면에 들어가 있는 내 컴퓨터 바탕화면의 아이콘을 눈여겨보면서 게임과 관련된 것들이 있다는 점을 발견했을 것이다. 앞서 대학에서 제적을 당한 얘기도 했지만, 나도 사법시험에 합격하고 시간 관리책을 집필하고 있는 지금까지도 이 사이버 빌런들과 싸우고 있고 인피니티 풀에서 빠져나오려고 애쓰고 있다.

이처럼 시간 관리의 방해물들은 그 중독성이 어마어마하기 때문에 벗어나는 방식도 굉장히 어려울 것이라 생각하지만, 의외로 간단하다. 방해의 원인을 제거하거나 억제하면 된다.

방해 원인 제거방식 먼저 원인을 제거하는 방식이다. 요즘은 이에 대한 집중적인 조언을 주는 책들도 굉장히 많이 나와 있는데, 내용들은 대동소이하다. 스마트폰이나 TV를 멀리 치우거나(어떤 책은 평면도를 보여주며 TV의 위치나 각도 등을 조언해주기도 한다) SNS, 메신저 등을 삭제하라는 것이다. 마음이 일단 동한 것을 잠재우는 것보다 애초에 마음이 동할 여지가 없게 만드는 것이 더 중요하므로, 타당한 조언이다. 나는 기본적으로 TV를 보지 않는다. 그리고 일을 할 때에는 스마트폰의 알람을 모조리 꺼서 서랍에 넣어둔다. 이런 사소하지만 큰 습관들을 통해 애초에 방해물로부터 멀어질 수 있고 내 소중한 시간을 온전히 쓸 수 있게 되는 것이다.

방해 원인 억제방식 그러나 최근에는 수험생조차 디지털 기기 없이는 정상적인 생활을 할 수 없는 것이 대부분이다. 태블릿이나 노트북 없이 인터넷 강의를 들을 수가 없지 않는가. 직장인은 또 어떠한가? PC가 없는 일터가 상상이나 되는가? 따라서 이 상황에서 더 **중요한 것은 나의 무의미한 '습관화된 시간 낭비짓'이 어떤 원리로 작동하는지를 아는 것이다.** 그것을 앎으로써 나쁜 습관이 작동하는 것을 막을 수 있기 때문이다. 이는 원인을 억제하는 방식이다.

습관은 자동화된 동작이라고 정의할 수 있다. 내 뇌가 특별히 생각하지 않아도 몸이 기억하고 있는 행동이라는 것이다. 하지만 모든 행동은 생각으로부터 나온다. 습관도 마찬가지다. 비록 그 행동을 하는 동안 별다른 생각이 없고, 또한 그래서 나중에 그 행동을 후회하게 되지만, 적어도 그 행동을 시작하게 해주는 생각은 존재한다. 그리고 생각은 외부의 어떤 물건이나 상황 등으로부터 비롯되는 것이므로, 외부적인 상황이 왔을 때 내 생각이 습관을 작동시키는 것을 막으면 안 좋은 습관에서 벗어날 수 있다.

예를 들어보자. 직장동료들과 함께 식사를 하러 간다. 자리에 앉은 후에 메뉴판을 보고 음식을 주문한다. 그리고 몇 마디 말을 나누다가 자연스럽게 스마트폰을 꺼내 메신저를 연다. 이 상황에서 내가 스마트폰을 꺼내어 시간을 낭비하게 된 이유는 '더 할 일이 없어서'가 아니다. '식당에 들어와 음식 주문을 모두 끝냈다'는 상황이 스마트폰을 꺼내게 만든 것이다. 즉 내가 스마트폰을 하겠다고 크게 마음을 먹지 않았지 만, 음식 주문을 끝냈다는 상황이 스마트폰을 꺼내게 만든 것이다.

위의 예에서 '음식 주문을 끝냈다'는 상황에 이어 스마트폰을 보는 행동이 시작되는데, 나는 이런 상황을 '습관 버튼을 눌렀다'라고 부르 고 있다. 그 상황이 나의 '스마트폰 보기'라는 습관을 시작하도록 버튼 을 눌렀다는 것이다.

이런 경우는 **습관 버튼을 누르지 않으려고 의식하고 결단하는 것만 으로 일단 문제가 해결된다.** 애초에 음식 주문을 하지 않아서 습관 버 튼을 누르지 않게 하라는 의미가 아니라(앞서 스마트폰이나 TV를 치우라는 조언은 이에 해당하는 것이다) 본래 하던 행동은 다하되, 그로 인해 습관이

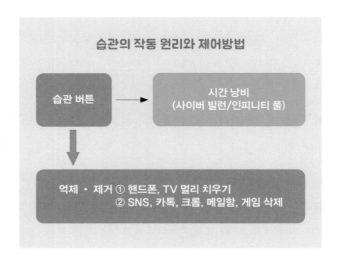

시작될 것이라는 점을 의식적으로 인지하고 그다음 행동을 중단하라는 의미다. 물론 앞서 본 결단과 책임의 구별처럼, 습관을 중단하는 것만으로는 충분하지 않고 이후에 그 중단이라는 결단에 부응하는 행동으로 나의 결단을 책임질 수 있어야 함은 물론이다.

나는 유튜버지만 스마트폰에 유튜브 어플이 없다. 인스타그램 계정 2개를 관리하고 있지만 인스타그램 어플도 없다. 필요한 경우에는 다운을 받아서 쓴다. 매일 업무차 메일을 수십 통씩 받지만 메일 어플도 쓰지 않는다. 바탕화면의 첫 페이지는 비어 있고, 손에서 가장 가까운 곳에는 음악 어플과 캘린더 어플이 있다. 정말 필요한 일들은 출근해서 컴퓨터로 모두 해결한다. 물리적으로 일을 처리할 수 있는 환경을 만들어둔 것이다.

누적된 방해가 계획을 망친다 혹시 '닥터이블'이라는 것을 들어보았는가? 내가 원하는 대로 무언가를 하고 있는데 실은 그것들이 '닥터이블'이라는 보이지 않는 적이 나를 유혹하고 조종한 결과로 결국 그 악당이 원하는 대로 안 좋은 결과가 일어나는 경우를 생각해보자.

예를 들어 '그래 5분 정도 유튜브 보는 것은 괜찮겠지' '한 번 정도 예외 만드는 것 정도야 뭐'라고 생각을 할 경우, 정말 그 한 번의 일탈 내지 예외는 큰 문제가 없을지도 모른다. 하지만 그 일탈, 예외들이 쌓일 경우 애초에 목표를 이루기는 어려울 것이다. 이처럼 개별적으로는 목표를 달성하는 데 큰 영향을 주지 않는 것처럼 보이지만, 그 결과들이 누적되면 목표 달성을 어렵게 만드는 경우가 있는데, 서양에서는 이를 '닥터이블 게임'이라고 부른다. 눈에 보이지 않는 악당이 나를 조종하여 안 좋은 결과가 일어나게 하는 경우와 마찬가지라는 것이다. 시간 관리에 있어서는 눈에 보이지 않는 악당을 잘 이겨내는 것이 중요하다. 한 번 한 번의 예외에 관대하지 말고, **한 번의 예외는 열 번의 예외로 이어질 수 있고 결국 계획을 망가뜨린다**는 점을 항상 염두에 두어야 한다. 적어도 안 좋은 일과 실수에 있어서는 '한 번이 어렵지, 두 번은 쉽다'라는 말을 기억해두어야 한다.

**자신에게
집중하는 삶**　　이쯤에서 시간 관리를 하는 목표를 한 번 더 상기해보면 좋겠다. 당신은 무엇 때문에 시간 관리를 하고 있는가? 나는 그 답이 내 꿈과 행복에 온전히 집중하기 위한 것이라고 생각을 하고, 대부분의 사람들도 같은 대답을 할 것이라고 생각한다. 그런데 내가 내 삶에 집중을 하려고 보니 너무도 많은 방해물들이 있다면 어떻게 해야 할까? 별다른 고민 없이, 즉시 그 방해물들을 제거해야 하지 않을까? 시간 관리법에 대한 강연이나 조언에서 내가 이 지점들을 말하면 거의 항상 돌아오는 질문이 있다.

제가 산 것들이 아까워서 못 지우겠어요.

다 쓸 데가 있지 않을까요?

이거 있으면 편한데 가급적 적게 쓰면 되지 않을까요?

물론 다 맞는 말이다. 하지만 이 말들은 뒤집어서 보면 이런 의미도 가지고 있다고 생각된다.

나는 내 인생과 행복에 어느 정도 방해가 있어도, 방해가 생기더라도 괜찮습니다.

이쯤에서 더 중요한 가치를 위해 낮은 가치를 한 발 물리는 지혜로움을 발휘해보는 것은 어떨까?

실행의 성패는 사전 시뮬레이션에 달려 있다

아무리 완벽한 계획을 짰다고 하더라도 계획대로 시간 관리가 되지 않는 경우가 많다. 그리고 그런 상황이 반복되면 시간 관리를 해도 별로 달라지는 것이 없다고 생각하게 되어 다시 원래대로 돌아가는 경우도 많다.

이처럼 계획대로 실행에 옮기다가 집중력이 흩어지고 시간 관리가 잘되고 있지 않다는 느낌을 받는 경우 가장 큰 문제점은 무엇일까? 많은 사람들이 생각하는 것처럼 집중력이 부족하기 때문일까?

아니다. 계획을 엉성하게 짰는데 사전 시뮬레이션을 해보지 않아 그 문제점을 몰랐고, 결국 실행과정에서 공백이 발생하여 머릿속으로 해야 할 일을 찾는 과정과 그것을 수행하고 실패하는 과정이 반복되면서 머리가 꼬이는 것이다.

시뮬레이션의   계획이라는 것은 아무리 이성적으로 최고의 방법
필요성   으로 짠다고 하더라도 실제로 발생하는 모든 상황
에 대응하는 완벽한 것이 될 수 없다. 따라서 실제로 계획을 실행에 옮
기면서 발생하는 문제점들을 제거하면서 계획을 더 나은 방향으로 수
정하고 보완해가야 한다. 그런데 일단 계획을 실행해본 후에 수정을 거
친다면 이미 계획 실행을 위해 에너지와 시간을 썼을 뿐 아니라, 제대
로 작동하지 않는 계획으로 인하여 스트레스를 받은 상황에 놓이게 된
다. 반면 계획을 실제로 실행에 옮기기 전에 머릿속으로 계획을 실행하
는 연습, 즉 시뮬레이션을 해본다면 엄청난 노력이나 시간 소모 없이
문제점들을 확인하고 수정할 수 있다. 즉 더 적은 시간을 들여 문제점
만을 수정하고 계획을 보완할 수 있는 것이다. 따라서 **계획을 세운 후,
실행하기 전에는 반드시 시뮬레이션 과정을 거쳐야 한다.**

여기서 중요한 점은 머릿속으로 몇 번 떠올려봐도 별다른 어려움 없
이 계획 전체가 떠오르고 해야 할 일이나 우선순위가 빠짐없이 생각나
야 한다는 것이다. 실제로 해보면 쉽지가 않을 것이고 기억을 떠올리
는 것부터 엄청나게 힘들 것이다. 그러나 이 과정을 통해서 우선순위
의 중요성과 필요한 일만 남겨서 생각하는 것이 얼마나 큰 이점을 갖는
지 알게 될 것이라 생각한다. 실제로는 그다음에 해야 할 1순위의 일 목
록 2~3개만 명확하게 떠올라도 성공이다. 내 하루의 성패는 실상 그 일

2~3개로 좌우되는 것이기 때문이다.

매일 아침 나의 루틴을 소개하자면, 아침에 일어나 커피머신을
나의 루틴 켜 예열하고 세수를 한다. 이렇게 잠에서 깨면 바로 스
마트폰을 켜서 하루 계획을 세운다. 나는 앞서 설명한 계획을 짜는 과
정을 모두 습관화했기 때문에 대부분의 경우는 다이어리에 별도로 쓰
지 않고 머릿속으로 정리를 해서 스마트폰 메신저 나와의 채팅에 바
로 재정리를 한다. 만약 이 시간이 오래 걸린다면 예열된 커피머신으로
커피를 내린 후에 커피를 마시며 계획을 한 번 더 다듬는다. 커피를 마
신 후에는 샤워를 하는데 앞서 재정리해둔 계획을 머릿속으로 실행해
본다. 집에서 나가서 내 차를 운전해서 갈지, 대중교통을 이용할지부터
시작해 이동 중에 할 것들, 도착 직후에 해야 할 것들을 생각한다. 그리
고 식사 시간을 기준으로 해서 오전과 오후에 해야 할 일들을 머릿속으
로 떠올린다. 이 시뮬레이션을 쉼 없이 해서 완전히 말끔하게 계획대로
실행이 될지 생각을 해본다. 만약 막히는 게 있거나 다른 일정이 문득
떠오르거나, 놓친 것이 있다는 생각이 들면 샤워 후에 나와서 일정을
다시 수정한다. 나는 이런 시뮬레이션 과정을 통해, 대중교통에서 이미
하고 온 때가 아니라면, 출근하자마자 내가 가장 좋아하는 일, 하루를
즐겁게 해줄 일을 30분간 한 후에 곧바로 별도의 준비작업 없이 바로
일에 100% 집중을 할 수 있게 된다.
이 과정에서는 내가 정말로 집중해야 하는 일, 1순위 일의 실행과정

을 생각하고 세부계획을 다듬는 데 시간을 많이 쏟는다. 사람이 생각할 수 있는 일의 개수가 많지 않은 만큼, 수많은 시뮬레이션을 통해 메일이나 전화회신 같은 것들을 한데 묶는 사고 작업 등을 여기서 미리 해두면서 사고를 최대한 단순화하는 것이다.

길고 어려운 말이 되어버렸지만, 핵심은 한마디로 요약할 수 있겠다. 바로 **수많은 시뮬레이션을 통해 실행 도중 다음으로 해야 할 일을 생각하는 상황이 발생하지 않도록 하는 것이다.** 완전한 계획 속에서 완전한 자유가 나온다는 말은 이 과정을 통해 현실성을 얻게 된다.

♀ SUMMARY 5

- 아날로그 시계를 사용하여 양적인 시간 개념에 익숙해져라.
- 지금 당장 시작할 것.
- 끌어주는 말과 감사로 하루를 시작하라.
- 사이버 빌런과 인피니티 풀을 제거하거나 억제한다.
- 끊임없이 사전 시뮬레이션을 할 것.

실행단계에서
기억해야 할 점들

실행단계에서 효율을 높이는 방법

세부계획
수립

실행단계로 들어와서 일을 할 때에도 일의 효율성을
위해 세부계획을 세워야 한다. 수많은 시뮬레이션을
거쳤다고 하더라도, 뇌가 생각할 수 있는 양에는 한계가 있기 때문에
실행단계로 들어와 세부계획을 세우는 것은 별도의 단계를 거쳐야 한
다.

　예를 들어 설명하기로 한다. 매일 3순위의 일로 책을 쓰기로 했다고

하자. 막상 책을 쓰려고 컴퓨터를 키고 나서는 시뮬레이션과 달리 뇌가 멈추기 시작한다. 즉 이제부터 해야 할 일이 무엇일지를 찾는 작업을 새롭게 시작하게 되는 것이다. 이와 같이 '다음 할 일의 탐색'이 시간 관리에서 최악의 상황이라고 얘기를 한 적이 있다. 따라서 이 상황에서는 **바로 세부계획을 짜야 하는데, 그 첫 단계는 내가 할 일을 쪼개보는 것**이다.

예로 든 책을 쓰는 것은 ①소재를 정하고 → ②목차를 짜고 → ③대략적인 내용을 적어보고 → ④세부적인 내용을 알기 쉽게 적고 → ⑤이미지 등 관련자료를 넣고 → ⑥전체적인 내용을 재검토하고 → ⑦목차를 작성하는 것으로 나뉜다. 그런데 여기서 시간이 특히 오래 걸리는 것은 ④번이다. 그 이유는 머릿속에 압축되어 있는 주요 내용들을 풀어서 활자로 바꾸는 작업과 그 활자를 예상되는 독자층의 눈높이에 맞춘 표현으로 바꾸는 작업이 섞여 있기 때문이다. 즉 ④는 다시 주요 내용을 풀어 쓰는 것과 쉬운 표현으로 다듬는 단계로 나누어지는 것이다.

보고서를 쓰는 경우도 예로 들어보자. 먼저 전체적인 꼭지 내지 개요에 들어갈 말을 정하고, 이후에 주요 내용을 적는다. 그리고 주요 내용과 관련된 통계나 자료들을 수집해서 배치한다. 여기까지 전반적인 내용들이 채워졌다면 이제 주요 내용들을 보고받는 사람이 읽기 편하도록 줄이는 작업을 거친다.

공부를 할 때도 마찬가지다. 처음부터 대뜸 세부 내용을 모두 읽는 것이 아니라, 처음에는 전체적인 내용 즉 목차만 골라서 쭉 읽는다. 이

집필 순서

① 목차 및 편제 구성

② 펀더멘털 서술

③ 예시 배차

④ 예시 찾아 넣기

⑤ 예시 해설하기

⑥ 내용 설명(미정리 펀더멘털 등도 추가) + 체계 검토

⑦ 참고 개념 넣기

• 아래 내용은 1장짜리 참고에 넣을 것

• 손으로 직접 다 써보는 것은 가장 강력 but 비효율적

⑧ 서머리 그림, 이미지 작성

⑨ 전체 마지막 검토 + 중요 부분 볼드 & 컬러화(특히 해설 부분 바로 보이게) + 목차 재작성

⑩ 초고 전달

렇게 해서 전체적인 얼개가 머릿속에 들어오면 이제 세부 내용을 읽는데, 목차와 관계된 중심 내용만 찾아서 읽는다. 이 단계까지 가야 지식을 담을 수 있는 준비가 된다. 이후부터는 원래의 방식대로 정독한다.

이렇게 일의 단계를 나누었다면 별도의 종이나 파일 등에 나눈 단계, 즉 세부계획을 적어 놓고, 단계별로 반복해서 실행을 한다. 한 번만 하면 되는 일을 괜히 나눠서 여러 번 한다는 생각이 들지도 모르겠다. 하지만 단계를 나눠서 일을 처리하는 것이 처음에는 익숙하지 않아도

동기부여적인 면에서나(성취동기이론) 뇌의 기능적인 면에서나(인지과부하를 방지하는 청킹) 훨씬 유리하다.

**효율적인
자료 정리**　아직 수기와 종이를 통해 일을 하는 경우도 있지만, 요즘은 대부분 컴퓨터를 사용해 일을 한다. 어느 경우든 생성된 자료들을 정리하는 것은 매우 중요하다. 한 번에 끝나는 일회성이 아닌 경우라면 과거에 종료한 일에 대한 기록과 자료를 찾아보고 그것을 새로운 일에 반영하는 경우가 많은데, 그 경우에는 '과거의 자료에서 정보를 찾는 것'이 새로운 일이 되기 때문이다.

즉 이 경우에는 무엇보다도 **'빠르게 원하는 자료, 정보를 찾을 수 있는 것'이 일과 시간 관리의 성패를 좌우**하는 것이다. 업무를 하다가 '아, 그거 어느 보고서(또는 어느 자료, 어느 책)에 있었더라?'라는 생각이 들고, 어디를 찾으면 될 것 같다는 생각은 드는데, 막상 찾으려고 보니 쉽게 찾을 수 없어 시간이 걸린 경우가 많지 않은가? 그렇게 하여 정말 해야 할 일이 엉키고 멈춘 경우가 있지 않은가?

내가 원하는 자료나 정보를 빠르게 찾기 위해 가장 필요한 것은 정리다. 종이 자료를 사용하는 경우라면 대부분 캐비닛을 사용한다. 이 경우에는 캐비닛에 구간을 나누어 관련된 자료를 모아서 정리하는 것이 중요하다. 그리고 그 구간들은 칸막이 등을 사용하여 물리적으로 분리하고 아래에는 견출지에 해당 파티션의 이름을 적어 붙인다. 그리고 그 자료들 간에는 다시 생성일자와 세부 주제 또는 내용을 이용해 세부적인 수준의 정리를 하여야 한다. 종이 같은 것들은 낱장으로 모으지 말고 반드시 클리어 파일이나 폴더를 사용하여 묶어서 분류한다.

컴퓨터를 사용하는 경우에도 마찬가지의 원리를 활용한다. 다만 물리적인 공간이 아니라 디지털 공간이라는 점에서만 차이가 있을 뿐이다. 먼저 반드시 큰 주제별로 만든 폴더를 만들어 파일을 분류한다. 그리고 그 안에서는 파일명으로 세부 내용과 생성일자 두 가지를 적어서 구분한다. '20220320_공부유튜브_동향보고.hwp' 이런 식이다. 물론 그 뒤에 작성자나 수정 버전 등을 추가해도 좋고, 하위 폴더가 필요한 경우 더 세분화하여 분류한다.

일의 규모가 작거나 신입이라고 하여 이런 정리를 하지 않아도 된다는 안일한 생각은 버리자. 나는 성공을 하기 위해, 미래에 할 일을 지금부터 미리 하고 있다는 마인드가 필요하다. 지금부터 당장 프로라고 생각하고 프로의 정리법과 정리습관을 익히지 않으면 곤란하다.

워크 폴더 활용하기 파일 등을 정리하면서 일을 하는 경우에 한 가지 팁을 더 공유하고자 한다. 디자인 업무나 편집, 작성과 관련된 업무를 하는 경우에는 수많은 중간파일과 관련파일이 생성된다. 이것들을 정리하면서 일을 하기에는 너무 뇌에 과부하가 걸리고, 그렇다고 정리를 하지 않고 일을 하자니 바탕화면이 엉망이 되어 버린다.

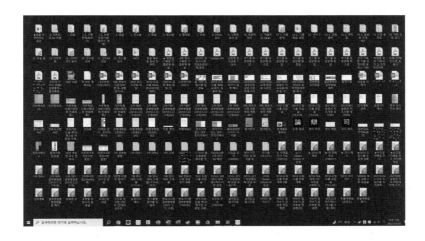

이럴 때는 임시로 아무 폴더나 하나 만들어서 그곳에 일단 파일을 저장하며 일을 한다. 나는 이 폴더를 '워크 폴더'라고 부르고 있다.

이는 일의 단계를 ①수행, ②임시저장, ③재정리의 3단계로 나눈 것이다. 일이 복잡하거나 저장된 파일의 종류가 많을 경우에 특히 유용한 방법이다.

워크 폴더

명함은 어떻게 하는 게 좋을까?

혹시 지갑이나 서랍 속에 명함은 잔뜩 쌓여 있는데 이걸 대체 왜 모으고 있는지는 모르겠는가? 그렇다면 다음과 같이 해보자.

먼저 명함을 주고받는 것은 크게 두 가지 목적에 의한 것이다. 첫째는 정말 업무상 연락 등을 위해, 둘째는 예의상 인사를 위해서다. 이런 경우 목적을 생각하지 않고 명함을 별도의 파일로 정리하거나 스크랩하듯 모아두는 것은 시간적으로 효율적이지 않다. 업무적 연락 등의 목적인 경우 결국은 그 명함에 적힌 메신저나 이메일로 연락을 하게 되어 있다. 따라서 그런 범주의 사람이라면 바로 메신저나 이메일로 다시 인사를 하자. 그 자체로 명함은 목적을 다한 것이 된다.

애초에 예의상 주고받은 경우라면 그것이 서로의 손에 들어온 순간 목적이 달성된다. 이후의 보관 여부는 서로의 관심사가 아닐 뿐 아니라, 확인할 수도 없는 것이다. 다만 이것들도 일단은 한곳에 모아 보관을 해야 한다. 단순한 인사에서 업무상 연락이 필요한 관계로 발전할 가능성이 있는 경우는 특히 그렇다.

반복을 통한 루틴화

이와 같이 실행단계에서 세부계획을 적절히 수립하고 각 단계에 해당하는 일을 반복할 경우 어느 단계에 이르러서는 내가 그 일을 하고 있다는 별다른 자각 없이 자동으로 일을 하는 단계에까지 이르게 된다. 이를 인지심리학에서는 '자동화' 또는 '절차화'(Proceduralization)라고 하는데, 시간 관리 영역에서는 주로 '루틴화'라고 부른다.

루틴화의 가장 큰 장점은 무엇보다도 뇌의 부하가 줄어든다는 점이다. 루틴화가 되었다는 것은 뇌를 사용하여 의식적으로 일을 하는 것이 아니라, 마치 타자를 치거나 자전거를 타는 것처럼 몸이 기억하고 일을 하는 것이어서 그 시간 동안 몸은 일을 하고 있더라도 머리는 일을 하지 않고 있는 것이 된다. 따라서 앞서 자투리 시간의 활용에서 본 것과 마찬가지의 원리로 그동안은 머리로는 다른 일을 할 수 있게 되는 것이다. 루틴화는 무엇보다도 잦은 반복을 통해 달성될 수 있다. 수없이 많은 타자 연습을 통해 어디에 어느 자판이 있는지 의식하지 않고서도 키보드를 두드리고 있는 것이 그 증거다. 이렇듯 일은 세부계획으로 단계를 나누어 어느 하나를 반복적으로 처리함으로써 루틴화가 되는 것을 목표로 하는 것이 바람직하다. 그것을 통해 궁극적으로 또 다른 일을 처리할 수 있는 '두뇌의 시간'을 확보할 수 있기 때문이다.

일의 템포와 타이밍

시간을 가리키는 것으로 두 가지 개념이 있다. 하나는 템포(Tempo) 고, 하나는 타임(Time)이다.

템포는 빠르게 음악에서 '템포가 조금 빠르다'라고 하는 말을 들어봤을 것이다. 템포란 빠르기, 즉 속도를 의미하는데, 일을 할 때는 무엇보다 템포가 빨라야 한다. 특히 회사에서는 어떤 일을 얼마나 빠르게 처리하는가가 그 사람의 업무 능력을 판단하는 1차적인 기준이 되는 경우가 많다. 상사가 부하에게 핀잔을 줄 때 하는 말로 '일 처리가 느리면 내용이라도 좋아야지'라는 것이 있는데, 이 말은 빠르게 일을 하면 내용이 조금 부실하더라도 괜찮지만, 느리게 일하면서 내용까지 좋지 못하면 안 된다는 의미로, 결국 일의 속도가 중요한 기준이 된다는 점을 시사한다.

물론 너무 빠르기에만 초점을 맞춰 결과물의 질, 즉 퀄리티가 떨어진다면 그것은 더 중요한 것을 잘못 판단한 것이고, 퀄리티가 유지되는 것을 전제로 속도는 빠를수록 좋다. 그만큼 다른 일을 할 수 있는 시간을 확보할 수 있기 때문이다.

타이밍은
적절하게

반면 타임은 'What time is it?(지금이 몇 시야?)'이라는 말에서 알 수 있듯이, 어느 특정한 시간을 의미한다.

앞서 설명한 것처럼 일단 일 처리는 템포, 즉 속도가 빨라야 하지만 속도가 빠르다고 언제나 좋은 것은 아니다. 그와 같이 빠른 일 처리가 좋은 시간, 즉 타이밍에 맞는 것이 아니라면 의미가 없는 경우도 있기 때문이다.

타이밍이 문제되는 것은 대부분의 경우에 상대방이 있는 일을 하는 경우다. 언제 일을 완성시켰을 때 상대방의 요구를 최대로 충족시킬 수 있는지를 항상 생각해야 한다. 즉 상대방이 요구하는 것이 오로지 빠르기만 한 것이 아니라, 일정한 정도의 정성과 시간을 들이는 것이라면 오히려 너무 빠른 결과물은 일의 퀄리티에 부정적인 인상을 줄 수도 있다. 또한 상대방의 요구가 시기에 따라 바뀌는 경우도 있다. 그런 일에 있어서는 그 시기에 맞는 일을 해야 하고 단순히 지금 가장 빠르게 할 수 있는 일을 결과물로 보여서는 안 된다. 요컨대, 빠를 뿐 아니라 언제 이 일을 처리하는 것이 내게 가장 큰 이익을 주는지도 항상 의식을 하면서 일을 하여야 한다.

예를 들어 어떤 천재적인 변호사가 기업이 새로운 발전소를 짓는 일과 관련해서 문제될 수 있는 법적인 이슈들을 검토해달라는 부탁을 받왔는데 그것을 30분 만에 끝내서 회신을 해주었다고 해보자. 느낌이 잘 오지 않는가? 당신이 살고 있는 도시에 새로운 원자력 발전소를 짓고 자 하는데 그와 관련된 법적인 문제를 검토하는 데 통상적으로 얼마 정도의 시간이 걸릴 것 같은가? 내가 의뢰인이라면 적어도 몇 주 또는 몇 달은 숙고하고 면밀하게 검토한 결과를 주기를 바랄 것 같다. 이처럼 일에 따라서는 단순히 빠르기만 한 것은 일의 완성도에 대한 신뢰감, 정성의 정도 등을 떨어뜨리는 경우도 있는 것이다.

간트 차트 활용하기 일의 전체적인 템포와 타이밍을 한 번에 파악할 수 있는 도구가 있다. 바로 '간트 차트'다. 간트 차트는 여러 개의 업무가 있을 때 그 시작 시기와 종료 시기를 시각적으로 표시한 것이다.

일반적으로 어떤 일을 한다고 하면 '점의 개념'으로 파악하기 쉽다. 언제부터 언제까지 한다고 부기를 하더라도 머릿속에서는 그저 하나의, 한 점의 일로만 인식이 되는 것이다. 간트 차트는 이러한 '점의 개념으로서의 일'을 '면의 개념으로서의 일'로 바꾸어준다.

작성원리는 간단하다. ①아래쪽에 일의 기준이 되는 시간을 적는다 (일반적으로 쓰는 스케줄러를 옆으로 뉘인 형태가 된다). ②시작 시간부터 (예상)종료 시간까지 크기에 맞게 네모를 그린다.

간트 차트를 통해 각 업무의 시작과 끝을 한눈에 볼 수 있으므로 템포와 타이밍을 알 수 있는 것은 물론, 각 업무의 진행 정도가 다른 업무

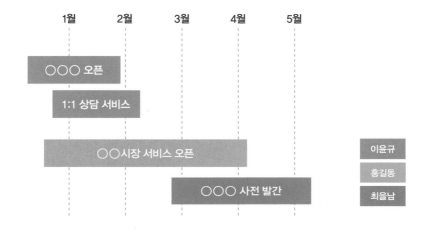

에 미칠 영향 등 각 업무 사이의 관계도 한눈에 파악할 수 있다. 앞서 소개한 미로에서 무료로 사용할 수 있으니 꼭 활용해보자.

우리 회사에서도 월간계획을 모두 수립한 이후에는 화이트보드에 마커와 포스트잇을 이용해 간트 차트를 그려 진행상황을 수시로 체크하고 공유하고 있다.

업무위임을 하는 경우 효율을 높이는 법

맡길 때 주의사항 앞서 설명한 것처럼 3순위의 일은 주로 업무위임, 즉 일을 맡겨서 처리하게 된다. 물론 이에 한정되는 것은 아니고, 다양한 범위에서 업무위임이 일어날 수 있다. 여기서는 그 부분에 대해 포괄적으로 설명하기로 한다. 그런데 업무위임이라고 하여 그저 모든 걸 맡기는 것은 아니고 지켜야 할 기준들이 있다. 먼저 업무를 맡기는 사람이 주의해야 할 점에 대해서 보자.

①첫째, 업무위임에 있어서는 무엇보다 **그것이 위임이 가능한 일인지를 분별**해야 한다. 사장이나 부장이 직접 처리해야 할 업무를 부하직원에게 맡겨봐야 어떤 성과나 정당성도 얻을 수 없을 것이다.

예를 들어 CEO 입장에서는 크게 중요한 일은 아니지만 상대방이 반드시 CEO와 미팅을 원하고 그렇게 약속이 되어 있는데 건강상의 이유로 부하직원을 내보내는 것은 부적절할 것이다. 이런 경우에는 애초에 미팅을 취소하거나 연기하는 것이 바람직하다.

②둘째, **상대방의 능력과 의욕을 고려**하여 위임의 강도, 즉 업무를 위임받은 사람에게 완전히 믿고 맡길 것인지, 하나씩 가르치며 끌고 갈지, 어려운 일이 있을 때 고민을 해결해주는 정도로 멘탈적인 부분만을 관리할 것인지, 매 단계마다 구체적으로 지시를 하고 그 실행 결과만 받아보는 쪽으로 할 것인지 기준을 정해야 한다.

예를 들어 능력과 의욕이 모두 뛰어난 사람에게는 과정과 수단 선택, 실행 등은 모두 맡기고 그 최종결과만을 받으면 된다. 능력은 좋지만 의욕이 떨어지는 사람(부서에 하나씩 있는 일 잘한다고 소문이 나서 일이 몰리는 사람)인 경우 실행 부분은 맡기되 정신적·물질적으로 격려나 응원을 해줄 필요가 있다. 입사 초기나 이직 직후 등으로 의욕은 넘치는데 아직 업무를 잘 모르는 경우에는 가이드라인을 잡아주며 가르치는 느낌으로 일을 맡겨야 한다. 어떤 이유에서 능력도 의욕도 떨어지는 경우라면 실은 맡기지 않는 편이 더 좋을 수도 있지만(괜한 스트레스를 받을 수도 있으므로), 매우 구체적으로 지시하고 그 일에 대한 결과를 매 세부업무마다 받아야 한다.

③셋째, 업무위임을 하는 목적이 반드시 상대방에게도 공유되어야 하고, 상대방이 해야 할 일이 명확해야 한다. 즉 지시는 **추상적이어서는 안 되고 구체적이고 상세해야** 한다. 업무를 맡기는 사람과 업무를 받아서 실행하는 사람의 정보격차로 인해 서로의 판단이 다를 수 있기 때문이다.

예를 들어 어떤 기관에서 여러 사람들을 모아 자문기구를 구성하는 일을 한다고 해보자. 이 경우에 상급자는 특정 정당에 가입한 경력이 있거나 범죄경력 또는 사회적 물의를 일으킨 사람을 섭외하는 것은 그 자문기구 운영에 잡음을 불러일으킬 수 있다는 생각을 했다. 이러한 생각에 하급자에게 '위원후보자들의 경력과 관련 뉴스를 정리해와라'라고 지시를 했다고 하자. 이에 하급자는 대상자들의 나쁜 뉴스는 물론 좋은 뉴스까지 모두 모아오는 바람에 며칠 밤을 꼬박 샜다. 학력부터 이후 취업현황까지 꼼꼼히 리서치하였음은 물론이다. 그런데 정작 정당가입에 관한 내용은 정리되지 않았다. 이대로는 상급자가 업무지시를 한 목적을 달성할 수 없을 것이다. 그렇다면 이는 누구의 잘못인가?

이는 당연히 위임을 한 사람의 잘못이다. 해당 업무의 목적을 명확히 하지 않고 하급자가 자신의 뜻을 알 거라 생각한 바람에, 이어서 업무 지시가 불명확했고 이런 결과가 발생한 것이기 때문이다.

업무의 매뉴얼화

업무 지시가 일의적 기준에 따라 명확하게, 세분화되어 이루어지는 경우라면 그 구체적 지시사항들을 기록하고 체계화하여 '업무 매뉴얼'을 만들 수 있다. 매우 자세한 인수인계서라고 생각을 하면 된다.

업무를 이와 같이 매뉴얼화할 경우 향후 해당 업무를 담당하는 사람이 누구로 바뀌든 간에 결과의 퀄리티에 큰 변화가 생기지 않고, 매뉴얼에서 벗어나는 부분에 대해서만 관리를 하는 것으로 충분하다는 이점이 생긴다.

④넷째, **업무위임의 기한**을 정한다. 기한이 없이 일을 맡기는 경우 어느새인가 맡긴 사람의 기억 속에서는 사라지고 맡은 사람도 이 일은 급하지 않은가 보다 생각하여 방치해버릴 수 있다. 중요하지 않은 업무라면 관계없을 수 있으나, 상대적으로 3순위로 밀려 그것을 수행하지 않을 경우 큰 불이익을 주는 업무라면 정말 큰일이 일어날 수 있으므로 주의해야 한다. 반드시 기한을 정해서 그 기간이 되면 성패와 관계없이 결과 보고를 받아야 한다.

다만 이때 업무를 맡긴 사람은 반드시 '우리 팀의 시간'을 함께 고려해야 한다. 상급자는 하급자의 업무처리시간 등을 고려하지 않는 경향이 있다. 하지만 상급자가 해야 할 일이 바로 그것이다. 나의 시간뿐 아니라 하급자, 다른 팀원들이 어느 정도 속도로 일을 하고 언제까지 일을 처리할 수 있을지 등을 종합적으로 고려해야 한다.

**맡을 때
주의사항** 한편 업무를 맡는 사람의 입장에서도 몇 가지 주의할 점이 있다. ①첫째는 자신이 **할 수 없는 일은 거절하는 것이 훨씬 바람직하다**는 것이다. 무모한 도전은 불필요한 시간과 에너지 낭비다. 다만 만연히 회피해서는 안 되고, 이성적인 계산에 따라 맡지 못하는 일일 경우에만 예의를 갖춰 거절을 해야 한다. ②둘째는 일을 맡은 경우 실행하기 전에 **다시 한 번 물어 일의 목적, 범위, 내용 등을 확인해야** 한다. 한참 일을 실행했는데 엉뚱한 방향으로 간 경우에는 그간의 일은 대부분 무용지물이 된다.

새로운 일을 맡았을 때 빠르게 익히는 법

회사생활을 하다 보면 갑작스럽게 새로운 일 또는 크게 자신이 없는 일을 맡아야 하는 경우가 있다. 이럴 때에는 다음과 같은 방식으로 빠르게 해당 업무에 관한 지식을 습득해보자.

①인수인계서를 꼼꼼히 살펴보자. 주의할 점은 친절한 문체이거나 생각보다 낯설지 않을 경우 '이거 아는 내용이네!' 하고 넘어가는 수가 있지만, 업무 내용을 알게 되면서 보이는 것들이 점점 더 많아지는 경우가 빈번하다. 옆에 두고 바이블이라 생각하고 탐독하면서 인계자가 숨겨둔 뜻을 파악하려고 노력해야 한다.

②관련 분야에서 가장 정평이 있는 책을 1권 구입한다. 입문서 같은 것은 가장 정치

하고 정평 있는 책의 목차 정도만을 추린 경우가 많기 때문에 구입하지 않아도 된다.
③책을 목차와 개념 위주로 큼직하게 1번 읽는다. 하루 정도를 잡고 스피디하게 읽는 것이 핵심이다.
④이후부터는 구체적인 업무가 나올 때마다 해당 부분을 정독하면서 지식을 보충하는데, 다만 무턱대고 새로운 정보를 받아들이려 하지 말고 기존 업무로 바꾸어 생각하는 습관을 들여보자. 세부적인 내용은 달라도 생각하는 틀이나 절차는 동일한 부분이 있을 것이다. 그런 부분에서 벗어나는 부분만이 정말로 새롭게 습득할 대상이 된다.
⑤만약 시간이나 의욕이 남아 있다면 이제는 구체적으로 업무가 나오지 않은 부분도 미리 업무를 맡았다고 상상을 하며 읽어본다. 마치 머릿속으로 역할극을 하듯 구체적으로 일 결과를 받는 사람과 일을 하는 자신을 나눠서 생각하며 읽는다.

보고시
주의사항

일을 직접 맡아서 한 사람은 그 시간 동안 그 일에 익숙해지고 자연스레 많은 정보를 갖게 된다. 한편 조직 체계의 일원으로 일을 맡아 처리하는 사람은 다른 사람이 어떤 식으로 시간을 사용해서 일을 하는지는 모르는 경우가 많다. 따라서 일을 맡은 구성원은 보고나 일처리 결과를 공유할 때에도 상대방의 입장을 고려하여 다음과 같은 점을 주의하는 것이 좋다.

①메신저 등을 통해 업무결과를 공유하는 경우처럼 시간적인 제약이 없는 경우라면, 즉 상대방이 자신이 편한 시간에 확인할 수 있는 경우라면 별 문제가 없지만, 그 외에 상대방의 시간 중 일부를 사용해 보고나 결과 공유를 해야 하는 경우라면, **상대방에게 미리 그에 소요될 예상시간을 알려준다.** 예를 들어 "팀장님, 잠시 10분 정도 시간 있으시

면 OO건에 대해 보고하고자 합니다"라는 식으로 말하는 것이다.

②장황하게 서사 형식으로 전달하는 것이 아니라 반드시 **주제와 결론, 핵심논거, 향후조치의 순으로 핵심정보만을 요약**하여 전달한다. 예를 들어 OO를 인터뷰하기로 하여 섭외메일을 보냈는데 코로나에 확진되어 거절을 당했다고 하자. 이런 경우라면 'OO인터뷰 섭외건 / 보류 / 코로나 확진 / 향후 캘린더에 일정 공유하고 새로운 후보자 물색 후 보고 예정'이라고 키워드만을 정리하거나 조사를 붙여 전달한다.

③**예상되는 질문에 대한 답까지 미리 준비**해서 결과공유 또는 보고한다. 뻔히 예상되는 질문에 대한 답을 보고서 등에 포함시키지 않을 경우 보고를 받는 입장에서는 당연히 말로 설명해줄 것이라 기대한다.

좋은 보고서, 좋은 공유 문구의 핵심

좋은 보고서나 다른 구성원에게 정보를 공유하는 내용을 쓸 경우에는 여러 형식적인 약속들이 있고, 이는 해당 업무 공동체에 따라 다르다. 그러나 언제나 반드시 지켜져야 할 공통적인 원칙이 하나 있다. 바로 '상대방의 시각에서 작성하기'다. 본문에서 언급한 것처럼 상대방의 시간 사용 현황, 배경지식의 정도, 예상 반응을 고려하는 것은 하나의 예시에 불과하다. '나는 내 할 일을 다했다'라는 태도로 접근하면 곤란하고, 기왕 내 시간을 투자하였으니 조금 더 시간을 투자해서 상대방의 시간 소비를 줄여주면 결국 '우리=전체의 시간 효율'이 증가한다.

그런데 만약 그런 준비도 되어 있지 않다면 보고시간은 실은 '문제점 발견 시간'이 되어버려 결국 그 시간을 버리게 된다.

피드백 결재시 주의사항 중간과정에서든 일이 모두 종료된 후에든 일을 맡긴 사람은 그 결과에 대해 피드백을 하게 되어 있다. 긍정적인 피드백은 최종적으로 그 결과에 대한 수용, 즉 결재로 나타난다. 반면 부정적인 피드백은 상대방에 대한 질책 등으로 나타난다. 효율적인 업무위임을 위해 피드백 단계에서도 지켜야 할 원칙들이 몇 가지 있다.

①먼저 긍정적인 피드백 중에서 결재를 하는 경우, 일단 **결재는 명확해야 하고 가급적 신속해야 한다.** 결재가 느려지는 데에는 크게 네 가지 이유가 있다. 첫째는 상대방이 보고한 일 중 어느 부분이 위임취지대로 잘되었고 어느 부분이 잘못되었는지를 가릴 능력이 없는 경우다. 둘째는 이를 가릴 능력은 있지만 잘못된 부분에 대한 대안이나 보완할 수 있는 지시를 하지 못하는 경우다. 셋째는 보완이 별 필요 없어 바로 결재를 할 수 있음에도 쉽게 결정을 내리지 못하고 우유부단한 경우다. 마지막은 애초부터 보고자가 너무 일을 엉망으로 해오는 바람에 어디서부터 손을 대고 지시를 해서 보완해야 할지 등 계산이 서지 않는 경우다. 마지막 경우를 제외하면 모두 업무위임을 한 사람에게 문제가 있는 것이다. 따라서 불필요한 시간 낭비를 막기 위해 첫째의 경우 중요부분을 가릴 수 있는 능력을, 둘째의 경우 해결책을 제시할 수 있는

능력을 길러야 하고, 셋째의 경우 전문가의 조언이나 내부회의를 통해 '최선보다는 최악'을 피한다는 마음가짐으로 결정을 내려야 한다. 이는 판단자료가 부족한 것이 아니라 결과에 대해 책임을 질 용기가 부족한 것이기 때문이다. 반면 마지막 경우는 애초에 판단을 할 수 있는 자료 자체가 부족한 경우이므로 기한을 정해서 구체적으로 업무위임을 다시 해야 한다.

그리고 **일단 결재를 한 경우라면 일을 맡긴 사람은 그 결과에 대해서는 이를 수용하고 믿어야 한다.** 일을 맡기는 경우 가장 중요하게 지켜져야 하는 원칙 중 하나는 바로 업무가 반복되는 일은 피해야 한다는 것이다. 즉 누군가가 다른 사람에게 일을 맡긴다는 것은 그 사람이 한 일을 다시 반복해서 하지 않기 위함이다. 그런데 만약 일을 맡긴 사람이 다른 사람이 한 일의 결과를 믿지 못하고 다시 처음부터 일을 검토한다면 그것은 두 사람 모두에게 쓸데없는 시간 손실만을 가져오게 된다.

나아가 지시한 내용과 의사결정 과정을 모두 지켰음에도 결과가 좋지 않게 나온 경우에는 그 **결과에 대하여 '지시를 한 사람'이 전적으로 책임을 져야 한다.** 상대방은 내가 시키는 대로 했을 뿐 아무런 죄가 없다. 만약 이런 부분이 흔들리고 상대방에게 책임을 전가한다면 그런 관계는 업무적 신뢰가 쌓일 수가 없어 오래가기가 힘들다.

회의시 주의사항   여러 사람이 일을 하면, 특히 업무위임 과정에서는 회의가 필수적이다. 하지만 한편으로 불필요하게 시간을 잡아먹고 일의 흐름을 끊기도 하는 가장 큰 주범이 바로 회의이기도 하다. 그렇다면 시간 낭비 없이 회의를 운영하는 방법은 무엇이 있을까?

정보를 빨리 파악하는 법

보고서나 공유되는 정보뿐 아니라, 공적으로 발행된 자료와 인터넷 정보를 수집할 때 빠르게 그 요지를 파악하고 문제점과 보완이 필요한 점 등을 찾을 수 있는 방법이 있다.

①일정한 범주를 묶어서 표현하는 집합개념은 반드시 그 기준을 생각해본다. 예를 들어 "노인들의 주거환경이 악화되었다"라는 말이 있을 경우, '노인'의 기준에 대해 생각해봐야 한다. 보고나 기사 등에 그 기준이 있지 않은 경우, 이는 '불명확한' 문장에 해당한다.

②사실과 평가를 나누어야 한다. 이를 위해 어떤 문장이 있을 때 어미에 '~라고 생각한다'는 말을 붙여본다. 예를 들어 '손흥민은 6시즌 연속 두 자릿수 득점에 성공했다. 손흥민은 훌륭한 공격수이다'라는 말이 있다면 '손흥민은 6시즌 연속 두 자릿수 득점에 성공했다고 생각한다' '손흥민은 훌륭한 공격수라고 생각한다'가 된다. 대략적인 기준이지만, 말이 자연스럽게 연결될 경우 이는 평가 내지 의견에 해당한다. 반면 말이 부자연스러울 경우 이는 사실에 해당한다. 이는 하나의 기준이고, 항상 그것이 상대방의 의견인지 객관적인 자료와 통계를 옮긴 것인지를 의식해야 한다.

③핵심을 추궁하는 습관을 들여야 한다. 상대방의 말이나 문장은 결국 중심주제를 키워드와 중심문장으로 구체화시키고 이를 뒷받침할 자료를 붙인 후에 표현과 구성을 다듬은 것이다.

1	주제
2	키워드와 중심문장
3	뒷받침할 자료
4	표현과 구성

소설 등 문학류는 '표현과 구성'이 도드라지고, 자기계발서류는 '뒷받침할 자료'가 도드라진다. 반면 논설류의 글은 '키워드와 중심문장'이 강하게 다가온다. 그러나 글의 형식이나 종류와 무관하게 읽는 사람은 언제나 '주제(하고 싶은 말)'가 무엇인지를 파악하려 노력해야 한다. 이를 위해 효과적인 방법은 '그래서 당신이 하고 싶은 말이 뭡니까?'라고 묻는 습관을 들이는 것이다. 물론 책의 경우 애초 대답이 없을 것이고, 대화 중에는 상황이 허용하는 경우에 한하여(예를 들어 보고 중에 상급자가 하급자에게) 예의를 갖추어 정중하게 물어야 한다.

의제를 잘 정하고 미리 의견을 정리해야 한다는 상식적인 얘기들보다도, 나는 크게 회의의 목적에 따라 종류를 나누는 것이 중요하다고 생각한다. ①먼저 아이디어를 모으는 종류의 회의가 있다. '기획회의'라고도 부르는 것이다. 이런 종류의 회의는 반드시 같은 시간에 한 장소에 모여서 할 이유가 없다. 그리고 이러한 창의적인 종류의 일은 어느 정도의 방해나 스트레스가 개입할 때 오히려 생산성이 높아진다(여키스 도슨의 법칙). 그렇기에 이런 종류의 회의는 1차적으로 폐기되어야 한다. 이를 대신해서 화이트보드나 미로보드에 각자가 그때그때 떠오르는 아이디어들을 붙이고 시간이 지나면서 취합이 되게끔 만드는 것이 바람직하다. ②다음으로 서로 다른 2개 이상의 안 중에 한 가지를 **결정하거**

나 문제점에 대한 해결방안을 논의하는 경우가 있다. 이때는 미리 서로가 지지하는 안을 공유한 후에 각자가 그에 대한 반론과 재반론을 정리하여야 한다. 그렇지 않고 회의를 하게 되면 서로가 지지하는 안의 문제점을 그제야 발견하게 되어서 회의가 한 회 공회전하게 된다. 그만큼의 시간 낭비가 발생한다는 의미다. ③마지막으로 **진행상황이나 일의 결과 등의 정보를 공유하는 내용의 회의**가 있다. 이러한 종류의 회의도 반드시 같은 시간에 얼굴을 마주보고 할 필요가 없다. 메신저나 게시판 등을 통해 공유하면 충분하다. 다만 이와 같이 회의를 하는 이유는 각 구성원이 해당 내용에 대해 확실하게 주지하기를 바라는 경고적인 또는 주의적인 의미가 있는데, 이는 형식으로 해소할 문제가 아니라 해당 내용에 대해 숙지가 안 된 경우 페널티 등을 주는 등 보상 여부로 해소할 문제다.

한편 **회의록을 작성**하는 것도 회의 중 또는 회의 후 시간 사용의 이유 중 하나가 되는데, 회의록 작성은 두 가지 방식 중 하나로 하는 것이 좋다. ①하나는 안건에 대한 판단 및 결정권한이 있는 사람이 직접 회의를 주재하며 주요 안건에 대한 피드백(어떤 부분을 앞으로 실행에 옮길지. 실제 회의의 결과, 행동으로 옮길 부분들은 그렇게 많지 않다)만을 정리하고 회의 직후 지시로 옮기는 방법이고, ②다른 하나는 일단 기록을 담당하는 사람이 회의를 모두 기록한 후에 별도로 시간을 들여 재정리하는 방식이다. 다만 이때는 '클로바노트'라는 프로그램을 사용해서 자동으로 회의가 녹취록의 형태로 저장되게 하는 것이 좋고 정리할 내용과 버릴 내용, 형식에 대해서는 결정권이 있는 상급자가 미리 기준을 정해두는 것이 좋다.

실행 도중의 버퍼링을 해결하는 방법

열심히 계획대로 일을 하고 있는데, 때로 머리가 복잡해지면서 일이 잘되지 않을 때가 있다. 컴퓨터 용어로는 이렇게 사고작용이 멈추는 것을 '버퍼링이 걸린다' 또는 줄여서 '버퍼링'이라고 한다. 실행단계에서 자꾸 버퍼링이 걸리는 이유는 세 가지다.

①**첫째는** 현재 할 일이 무엇인지를 명확하게 모르는 경우다. 이 경우는 겉으로는 하나의 일만을 하고 있는 것 같지만, 실은 온전히 계획을 실행하는 일만 하고 있는 것이 아니라, 머릿속으로 동시에 새로운 계획을 세우는 일도 함께하고 있으므로 일에 속도가 붙을 수가 없다. 따라서 이 경우에는 반드시 멈춰서 실행단계에서의 세부계획을 재점검해봐야 한다.

②**둘째는** 현재 하고 있는 일의 방향성에 대해 의구심이 생긴 경우다. 이럴 때는 '바쁠수록 돌아가라'는 말처럼 잠시 일을 멈추고 천천히 호흡을 하면서 잠시 머리를 이완시키고 일의 방향성을 점검해보는 시간을 갖는 것이 좋다. 일의 완성도라는 것은 방향성에 따라 크게 좌우가 되는데, 내 직감이 보내는 신호를 무시하고 일을 하다가 엉뚱한 결

과를 내는 것보다는 잠시 시간을 내어 그 신호가 무시해야 할 것인지 참고해야 할 것인지를 가리는 것이 더 현명하다.

결국 '바쁠수록 돌아가라'는 말은 정말로 다른 길로 돌아가서 일을 그르치라는 의미가 아니라, 바쁜 마음에 방향을 잘못 판단하여 서두를 경우 완전히 잘못된 목표에 도달할 수 있으므로, 차라리 조금 시간이 걸리더라도 다른 길까지 검토하여 현재 내가 정확한 방향으로 가고 있는지를 점검하라는 의미다.

③셋째는 일을 할 수 있는 정신적 동력을 상실한 경우다. 이럴 때는 무리하게 일을 해서 전체적인 퀄리티를 낮추는 것보다 잠시간의 휴식으로 에너지를 보충하여 퀄리티를 높이는 것이 더 바람직하다.

기준을 가지고 거절하라

앞서 설명한 시간 관리법들을 모르지는 않는데, 그럼에도 시간 확보를 잘 하지 못하거나 실행을 그르치는 사람들의 큰 공통점이 하나 있다. 바로 거절에 익숙하지 않다는 것이다. 직장생활에서 동료들의 은근한 담배나 휴식 동참 권유, 갑작스러운 잡무처리 부탁 등이 있을 때 상대방과의 관계가 망가질까 봐 우려하는 등의 이유로 거절을 하지 못하는 경우가 많다.

거절을 잘 하지 못해 다른 사람의 부탁을 들어주다 보면 자신의 일은 제대로 처리하지 못해 시간 관리를 실패하게 되어 야근을 하는 등 본래의 계획을 초과하여 일을 하는 경우가 많다. 호의를 베풀었음에도 과도한 업무라는 나쁜 결과가 발생하는 것이다.

수험생의 경우에도 이런 일이 종종 발생한다. 수험생은 혼자 공부하는데 어떻게 그런 일이 있을까 생각하겠지만, 수험생끼리 연인관계에 있을 때는 단순한 직장동료나 상사보다 문제가 더 심각해진다. 이성적인 날이 잔뜩 서 있는 직장생활과 달리 여기서는 이성과 감정의 경계가 굉장히 모호해진다. 나의 미래에 대한 고민이라는 이성적인 판단과 사랑이라는 감정적인 판단 사이에서 뒤쪽으로 더 기울게 되는 것이다.

기준 또는 계산력이 없다

거절을 잘 하지 못하는 사람들은 상대방의 호의나 제안을 거절하면 상대방을 배려하지 않는 것 같은 느낌이 든다고 자주 얘기한다. 때로 마음이 약해서 거절을 잘 하지 못한다고 하는 경우도 있다. 거절을 하지 못한다는 것은 마음이 약하거나 상대방을 더 신경 쓰는 것이 아니다. 그것은 지극히 결과적인 부분에 초점을 맞춘 것이다.

실상은 내 행동에 명확한 기준을 가지고 있지 않다는 의미거나 계산력이 매우 부족하다는 의미다. 즉 내가 할 수 있는 일, 해야 하는 일, 상대방의 요구를 어느 정도로 수용할 수 있는지에 대해 아무런 기준이 없거나 예외를 허용하는 범위가 지나치게 넓을 때 또는 지금 문제되는 행동이 그런 기준을 넘는지 아닌지에 대한 판단이 정확히 이루어지지 않기 때문에 이러한 문제점이 발생하는 것이다.

이런 점을 해결하기 위해서는 **무엇보다도 기준을 명확히 하는 것이 중요하다.** ①부탁이나 요구가 있을 때는 수락하거나 거절하기 전에 잠시 멈추어 생각하는 습관을 만들어야 한다. ②그리고 먼저 현재 내가 해야 하는 일이 얼마나 남았고 그것을 모두 하는 데 얼마만큼의 시간이 걸릴지를 생각한다. ③내가 도와줘도 내 일에 지장이 없는 상황이라면, 승낙을 한 경우에 나와 상대방에게 발생할 이익, 거절을 한 경우 나와 상대방에게 발생할 불이익을 생각해본다. 예를 들어 상대방이 충분히 할 수 있는 일임에도 만연하게 부탁하는 경우라면 나는 내 시간을 잃는 손실을 입고 상대방은 편안함이라는 이익을 얻는 것 같지만, 상대방도 자신의 업무 능력을 향상시킬 수 있는 기회를 소모하는 손실을 입는 것이다. ④비교 결과 끝에 거절을 해야 하는 상황이라면 '샌드위치 기법'에 따라 거절을 하자. 샌드위치 기법이란 간단히 말하면 상대방의 부정적인 행동에 대해 기분이 나쁘지 않은 말 → 정말로 하고 싶은 말 → 다시 기분이 나쁘지 않은 말로 마무리를 하는 것이다. 예를 들어 "이대리, 커피 마시러 갈래?"라는 말을 들었을 때, "싫어"라고 대답을 하는 것이 아니라, "커피 마시는 거 너무 좋지! 그런데 내가 지금 너무 급하게 해야 할 일이 있거든. 나중에 마시러 갈 때 한 번 더 얘기해줄래?" 이런 식으로 거절을 하는 것이다. 샌드위치 기법은 본래 질책이나 꾸중을 하는 경우를 상정해서 사용하는 것이지만, 이런 경우에도 충분히 응용할 수 있다.

샌드위치 기법

샌드위치 기법은 본래 꾸중이나 질책을 하는 경우에 상대방에게 정신적인 충격을 최소화할 수 있는 방법으로 사용을 하는 대화기법이다. 본문에서 설명한 것처럼 주된 목적이 '상대방에 대한 질책 또는 꾸중'에 있다고 한다면, 그 전후로 반대가 되는 말을 덧씌우는 것이다.

이 방식은 상대방에게 꾸중이나 질책을 하는 경우뿐 아니라, 스스로에게 부정적인 말을 하거나 영향을 주는 경우에도 적용을 할 수 있다. 나아가 상대방이 내게 부정적인 말을 하는 경우에도 마찬가지다. 즉 어느 경우나 핵심은 내가 하고 싶은 말을 그 반대의 말로 감싸는 것이다.

예를 들어 '내가 일을 다하지 못했어. 난 참 한심해'라고 느낄 때는, '난 한심하지 않아'라고 느끼고 싶을 것이다. 이럴 때 내가 스스로에게 직접적으로 그렇게 말을 한다면 객관적인 상황과 나의 인식이 분리가 되고 괴리에 빠지게 된다. 따라서 이런 경우에는 '그래, 난 일을 다하지 못했고, 한심하다고 생각할 수도 있겠어'(긍정) '하지만 그것은 마감시간 직전에 일이 갑자기 늘어났기 때문이야'(부정), '다음에는 한심하다고 느끼지 않도록 일을 잘 조절하자'(다시 긍정)의 식으로 생각을 하면 이런 심리적인 괴리를 줄일 수 있다.

나에 대한 배려 부족 거절을 잘 하지 못하는 이유는 앞서 살펴본 것처럼 기준이 없기 때문이다. 그런데 결과적인 부분에서도 하나 더 생각할 것이 있다. 거절을 못하는 것은 단순히 상대방을 배려하거나 더 신경 쓰는 것이 아니라 나를 배려하지 않는 행동, 즉 나와의 약속을 깨는 행동이라는 점이다.

그런데 나와의 약속조차 지키지 못하는 사람이 다른 사람과의 약속을 잘 지키리라는 보장은 없지 않을까? 다른 사람과의 약속을 잘 지키지 못하는 사람이 좋은 성과를 내기는 어렵지 않을까? 나와의 약속을 못 지키는 것은 단지 나를 실망시키는 행동이 아니라 결과적으로 내 인생에 불만족을 가져오는 것은 아닐까? 처음에는 다소 불편하더라도 나와의 약속을 지키지 못했다는 불만족이 쌓이고 그것이 내 인생에 영향을 미치기 전에, 적절하게 거절을 하는 것에 익숙해질 필요도 있다.

다만 오해를 해서는 안 되는 것은, 내가 나를 위해 거절을 하는 것일 뿐, 상대방의 기분이 상하도록 매너 없이 거칠게 행동을 하라거나 특별히 나와 약속을 한 것이 없음에도 다른 사람들의 제안이나 관심을 뿌리치는 비사회적인 사람이 되라는 의미는 아니라는 점이다. 샌드위치 기법을 한 번 더 생각해보자.

따뜻한 방해 시간 관리의 목적과 관련해서도 거절은 일정한 의미를 갖는다. 시간 관리를 하는 목적은 내가 내 시간을 컨트롤해서 일의 효율성을 증가시키고 아웃풋을 더 잘 만들기 위함이다. 이는 내가 원하는 시간에 원하는 일을 할 수 있는 것을 전제로 하고 또한 그것을 목표로 한다. 그런데 그런 목표를 달성하기 위해서는 수단을 적절하게 사용할 수도 있어야 한다. 이런 측면에서 본격적인 계획실행에 앞서 TV나 스마트폰 같은 방해물들을 제거하거나 억제했었다는 점을 기억할 것이다.

마찬가지로 상대방의 요구나 제안은 그 형식이 부드러운가 아닌가, 호의적인가 아닌가의 문제와는 별개로, 내 시간 관리의 목적에 비추어 보면 도움이 아닌 방해로 분류된다. 이건 무슨 비인간적인 사고인가라고 생각할 수도 있으나, 매우 친절하고 부드러운 방해라고 생각을 해보면 어떨까? 상대방이 원하든 원치 않든 그로 인하여 내 시간이 상대방의 지배하에 들어가고 결국 내가 시간 관리를 시작한 목적, 내 시간에 대한 지배는 요원해지기 때문이다.

돌발 상황이 발생했을 경우의 마음가짐

저녁에 사무실에 남아 열심히 일을 하고 있는데 갑자기 전화벨이 울린다. 불길한 예감이 든다. 막내를 데리고 영업을 나간 부장님의 전화 같다. 잠시 고민을 하다 폰을 봤는데 역시나 불길한 예감은 틀리지 않는다. 일단 전화를 받고 상황을 파악했는데 잔업이 많이 남았다는 핑계로는 도무지 안 나갈 수 없는 상황인 것 같다. 이런 경우라면 당신은 어떻게 할 것인가?

이처럼 일을 하다 보면 전혀 예상치 못했던 상황이 발생하는 경우가 많이 있다. 앞서의 갑작스런 영업 술자리 참석 또는 회식 참석 등은 오히려 애교에 가깝다. 오히려 술을 즐기는 사람이라면 '아니 이게 왜?'라고 생각할지도 모른다. 그런데 정말 이제야말로 밀렸던 일을 할 수 있는 때인데 돌발 상황이 발생하여 또 일을 못하게 되었다면 얼마나 기분이 나쁠까. 짜증이 나는 것은 물론이고 그 돌발 상황에도 제대로 대처하기 어려울 것이다.

이럴 때에는 일단 바꿀 수 있는 것과 그렇지 않은 것부터 명확하게 구별해야 한다. 이미 일어난 돌발 상황, 그로 인하여 내가 지금 하던 일을 할 수 없게 되었다는 것은 바꿀 수 없는 일에 불과하다. 즉 내가 이에 대해서 짜증, 분노, 실망, 황당 등 부정적 감정을 가지면 가질수록 그것은 내게 마이너스가 되는 것이다. 그저 다음 날 영향을 덜 받게끔 술자리를 잘 마무리하고 빠르게 귀가하는 것이 최선이자 바꿀 수 있는 유일한 것이다. 따라서 이럴 때에는 긍정적인 감정을 찾기는 어렵더라도 **먼저 그 돌발 상황이 일으키는 부정적인 감정을 철저히 배제해야 한다.** 그리고 가능하다면 최대한 긍정적으로 그 상황을 받아들여야 한다. 앞의 예에서 얼굴에 한껏 짜증을 안고 영업 술자리에 참석한 직원은 과연 상대방이나 상사로부터 좋은 평가를 들을 수 있겠는가? 그 직원은 술자리 역시 일의 연장이라는 사회생활의 룰을 방기함으로써 부정적인 평가를 받을 가능성도 있을 것이다. '아니 어떻게 이런 꼰대 같은 예를 들 수가 있는가!'라고 생각할지도 모르겠지만, 세상의 많은 일들은 우리의 예상을 철저하게 벗어날 뿐 아니라 굉장히 큰 고통과 감내하기 어려운 결과를 주는 경우가 많다는 점을 명심하자.

완벽주의는 실행의 최대의 적

어떤 일을 흠 없이 완벽하게 하려는 성향은 기본적으로 매우 긍정적이다. 그러나 완벽주의적인 성향은 때로 문제를 일으킨다. 그 이유는 완벽주의 자체가 잘못되었기 때문이 아니라, 그 기준점을 잘못 잡거나 완벽하게 처리해야 할 대상을 혼동하기 때문이다.

판단주체를 헷갈렸을 때 먼저 '아무런 흠이 없는 완전히 무결한 상태'라는 것을 판단하는 주체는 누가 되어야 할까? 오로지 나의 주관적인 만족감만을 위해 살고 시간을 관리한다는 사람에게는 해당이 없겠지만, 거의 모든 일에는 상대방이 있다. 즉 내가 일을 하고 시간을 관리하는 것은 결국 상대방의 요구, 니즈에 맞는 아웃풋을 만들기 위한 것이다. 따라서 **완벽이라는 것을 판단하는 사람은 내가 아니라 상대방이 되어야 하는 것이다.** 아무리 내 기준에서 완벽한 일이어도 상대방의 마음에 들지 못한다면 아무 소용이 없는 것이다.

판단기준을 헷갈렸을 때 상대방이 오로지 일의 결과만을 가지고 완벽함을 판단하는 것으로 오해하는 경우도 많다. 아주 예외적인 경우를 제외하면, 대부분의 일은 그 과정에 얼마만큼의 노력을 쏟았는지도 평가의 요소로 들어간다. 예를 들어 대통령을 상대로 장관이 1년간 그 부처가 한 일을 보고하고 다음 년도의 계획을 발표하는 자리라면 어느 정도의 완벽함이 요구된다고 생각하는가? 나는 그 자리에 장관을 수행하여 2년간 보고 절차에 참여한 경험이 있는데, 그 자리에서조차 실수와 흠이 있었다. 그러나 그것이 결과에 크게 영향을 미치지는 않았다. 이런 중차대하게 보이는 일조차 사람이 하는 것이라 그에는 어느 정도의 관용과 여유가 존재하기 때문이다.

내 스스로 상대방의 기준을 지나치게 높게 잡고 그에 맞추려 하기보다는 먼저 상대방의 기준이 어느 정도이고 내가 어느 수준까지 일을 실행하고 결과를 만들었을 때 그 기준을 넘을 수 있는지를 모르는 경우가 굉장히 많다. 아웃풋 감수성이 매우 예민한 직장인의 경우에는 조금 덜하지만, 아직 사회와 사람에 대한 경험이 충분하지 않은 수험생의 경우에는 특히 심하다. 이런 경우에는 무엇보다도 상대방의 기준을 확실하게, 세밀하게 확인해야 한다. **기준도 모른 채 쏟는 노력은 아무런 의미가 없다.**

판단대상을 헷갈렸을 때 완벽함이라는 것은 결과가 완벽해야 한다는 의미일까 아니면 과정이 완벽해야 한다는 의미일까? '완벽한 계획 속에서 완전한 자유가 나온다'라는 말을 계획 실행의 단계에 잘못 적용하여 무엇을 완벽하게 해야 하는 것인지에 대해 혼란이 생긴 경우에도 두 가지 큰 부작용이 생긴다.

첫째는 세부적인 부분에 완벽함을 기하다가 전체적인 방향성을 놓치는 경우다. 결과물을 잘 만들고자 하는 욕심이 조금씩 엇나가는 방향성을 보지 못하게 덮는 것이다. 이 경우는 결과를 기준으로 판단을 하는 것이 아니라 순수하게 과정 그 자체로 판단하는 것으로 변질되기도 한다. 하지만 시간 관리를 비롯해 대부분의 성과 관리는 결과물, 즉 아웃풋이 중심이 되어야 한다. 직장인의 경우에는 나름대로 축적되었고 짜임새 있는 업무인수 체계와 상사의 끊임없는 피드백이 있을 뿐 아니라, 평가 자체가 비교적 짧은 기간에 수시로 일어나기 때문에 성과 자체는 어떻게든 만들어진다. 물론 그에 대한 반대급부로 과도한 양의 스트레스가 단기간에 축적되는 문제점은 있다. 그런데 수험생의 경우에는 주로 1년에 한 번 정도 평가가 있기 때문에 자신이 잘못된 방향으로 가고 있다는 사실을 인지하지 못한 채, 그리고 그 과정에서의 스트레스도 크게 느끼지 못한 채 나름대로 즐겁게 일(공부)을 한다. 그러나 나중의 평가에서 참담한 결과를 받는 경우가 많다.

둘째는 처음부터 너무 세부적인 것에 집착하다가 일할 의욕 자체를 상실하는 경우다. 직장생활이나 수험생활 초년 차 또는 많은 실패를 맛본 경우에 공통적으로 발생하는 문제점이다. 일의 초입에서는 굉장한 의욕을 발휘하게 되는 것이 보통인데 그 의욕들이 처음부터 매우 세밀한 디테일로 쏟아지게 되면 일의 완성도는 0.1% → 0.2% 이런 식으로 상승하게 된다. 그런데 경험이 있는 사람 또는 경쟁자를 보면 뭔가 일을 대충하는 것 같은데 일의 완성도는 70~80%를 훌쩍 넘어 있는 경우가 많다. 이런 경우에 자신의 능력이나 자질을 탓하게 되는 등 심한 좌절감을 맛보게 되고, 일이 지나치게 어렵다고 생각해서 성취동기가 확꺾이게 된다.

일이나 공부에 있어 베테랑이 되었지만 적지 않은 실패가 쌓인 경우에도 마찬가지 문제가 발생한다. 실은 자신이 판단기준을 잘못 잡아 상대방이 원하지 않는 결과물을 만들어 좋지 않은 평가를 받았음에도 과정에 대한 세밀한 노력이 부족했다고 잘못 생각하여 엉뚱한 곳에 힘을 쏟는 것이다. 이 경우에는 이미 상대방의 최소 요구사항을 충족시켰다면 이런 노력들이 더 빛을 발하지만, 그렇지 않은 경우라면 무의미한 시간 낭비로 돌아갈 우려가 있을 뿐 아니라 일의 초입에 있는 경우와 마찬가지로 일에 대한 의욕 자체를 상실할 우려가 있다.

이 경우에는 항상 상대방의 니즈가 무엇인지, 요구되는 결과물이 무엇인지 옆에 두고 수시로 확인하면서 일을 하는 것이 중요하다. 자신이 하고 있는 일의 방향성과 상대방의 니즈가 일치하는지, 그 방향이 어긋나고 있는 것은 아닌지를 끊임없이 비교해야 하는 것이다. 직장인이라면 전임자가 작성하였거나 앞서 통과된 보고서 등을, 수험생이라면 기출문제를 항상 참고해야 한다.

- 실행단계에서는 세부계획부터 수립한다.
- 언제든 필요한 자료를 빠르게 찾을 수 있도록 체계적으로 정리하는 것도 시간 관리 비법 중 하나다.
- 워크 폴더를 적극적으로 활용하여 단계를 나눈다.
- 템포는 빠르게, 타이밍은 적절하게 처리한다.
- 일의 전체적인 진행도를 확인하려면 '간트 차트'를 활용한다.
- 업무위임의 경우 위임이 가능한 일인지 분별하고, 상대방의 능력과 의욕에 따라 위임의 강도를 정한다. 지시는 구체적이고 세분화되어야 하며, 보고기한이 정해져야 한다.
- 위임업무를 맡을 경우 할 수 없는 일이라면 거절해야 하고, 맡을 경우 일의 목적과 범위, 내용을 다시 물어 확인한 후에 실행에 옮긴다.
- 보고를 할 경우 미리 예상 소요 시간을 알려준 후에 핵심적인 사항들만을 키워드 위주로 전달한다. 예상 질문에 대한 답도 미리 준비한다.
- 결재는 신속하게 해야 하고, 일단 결재를 했다면 그 결과를 믿고 같은 일을 반복실행하지 않는다. 그리고 과정이 충실했다면 결과는 모두 결재를 한 사람이 책임진다.
- 질책을 할 경우에는 반드시 모두의 앞에서, 감정적으로 대하지 않을 수 있을 때에만 한다.
- 아이디어를 모으거나 정보를 공유하는 회의는 폐기한다. 방향을 결정하거나 해결방안을 논하는 회의는 미리 반론과 재반론을 준비한다. 회의록은 클로바 노트를 활용한다.
- 실행 도중에 뇌에 버퍼링이 생길 경우 세부계획을 재점검하거나, 일의 방향성을 점검하고 정신적 동력을 상실한 경우가 아닌지도 확인한다.
- 거절에 약한 사람은 시간 관리에도 약하다.
- 돌발 상황이 발생했을 때에는 바꿀 수 없는 일이라면 부정적인 감정을 배제하고 최대한 긍정적인 부분을 찾는다.
- 완벽주의를 버려야 시간 관리에 성공한다.

제4장

점검과 재충전도
시간 관리의 일부다

점검하기

시간 관리의 끝은 점검이다

A는 시간 관리를 해보고자 마음을 먹고 서점에서 책을 한 권 구입했다. 일단 열심히 계획을 짠다. 그리고 실행에 옮겨 본다. 그런데 분명히 책과 영상에서 본 대로 따라 했는데 삶에 큰 변화가 없는 것 같다. 오히려 더 복잡하고 머리만 아픈 것 같다. 마음에 갈등이 생긴다. 뭔가 잘못된 것 같긴 하지만 일단은 하라는 대로 하고 있으므로 그 자체에 만족하기로 마음을 먹는다. 그러나 이걸 대체 왜 하는 것인지 잘 알지를 못

하겠다. 결국 며칠 해보다가 어느새 원래의 삶으로 돌아간다. 시간 관리라는 것은 헛된 욕심일 뿐이었다.

지식습득의 관점

왜 이런 일이 일어났을까? 무엇보다도 '점검' 과정이 없었다는 게 가장 큰 이유라고 할 수 있다. '이걸 대체 왜 하는 것인지 잘 알지 못한다'라는 것은 자신이 배운 시간 관리법이 무엇을 위한 것인지, 그걸 통해서 무엇을 얻을 수 있는지 몰랐다는 의미다. 다른 의미로는 새로운 배움을 통해 내 삶의 방향성 또는 원칙을 만드는 부분까지 변화를 이끌어내지는 못했다는 것이기도 하다.

예를 들어 일정한 주기를 두고 유행 중인 '미라클 모닝'을 따라 해서 열심히 새벽에 일어났지만 일어난 이후 무엇을 할지 정해둔 게 없다거나, 애초에 그것에 대해 생각해본 적이 없다면 점차 그렇게 일찍 일어나야 할 이유나 동기 같은 것을 찾기 어려워질 것이다. 이처럼 책이나 활자를 통해 새롭게 배우는 것들은 그것을 읽음으로써 바로 습득한 것과 같은 착각을 불러일으키고 때로 내가 배운 수단들이 무엇을 위한 것인지를 모르게 된다는 데 큰 함정이 있다. 문제점을 인지하고 그것을 수정한 후 미래의 행동에 반영하는 과정을 '피드백(Feedback)', 즉 '점검'이라고 한다. 시간 관리에 점검이 필요한 이유 또는 이점은 **내가 읽어서 배운 것을 내가 정말로 익히고 있는지**, 또한 실제 내 삶에 있어 어떤 의미가 있는지를 **확인해보는 것**에 있다.

**습관형성의
관점**
점검이란 무언가를 제대로 습득했는지를 확인해보는 면에서만 그 의미를 갖는 것은 아니다. 시간 관리법을 새롭게 배운다는 것은 **내 삶의 기본값, 즉 습관을 바꾸는 것이고, 더 나아가 다른 사람의 삶의 방식을 내 삶의 방식으로 받아들이는 것이**다. 메일이 도착했다는 메시지가 뜨거나 휴대폰이 울리기만 하면 서둘러 확인하고 응답을 하는 반사적인 습관에서 벗어나서, 하루 중 일정한 시간에 그 일을 처리하는 식으로 행동양식이 바뀌는 데에는 많은 시간과 노력이 필요하다. 당장 급해 보이는 일들, 내 마음을 졸이게 하는 일들을 일단 뒤로 미뤄두고 더 굵직하고 중요한 일들, 나의 미래와 성장을 위한 일들에 당장 시간 투자를 하는 것도 마음에서부터 연습이 필요하다.

이 과정에서는 기존의 효율적이지 않았던 내 삶의 방식이 바뀌고 있는지, 새로운 방식이 제대로 작동하고 있는지, 그것이 유의미한 변화를 이끌어내고 있는지를 지속적으로 관찰해야 한다. 습관이라는 것은 관성과 같은 것이어서 조금만 틈을 주거나 한 번 노력의 끈을 놓으면 그간의 시도들이 물거품이 되고 금세 원래 자리로 돌아가버리게 된다. 이처럼 점검은 더 좋은 습관의 정착이라는 면에서도 의미를 갖는다.

**3단계
점검법**
그렇다면 점검은 어떻게 하면 될까? 점검이란 점의 단위로 검사를 한다는 의미다. 즉 과정을 낱낱이 분해해서 제대로 실행이 되고 있는지를 확인하는 것이다. 그 과정에서 뭔가 문제가 발견된다면 그것을 올바르게 수정하고, 수정한 내용을 바탕으로 새롭게 생활방식을 짜면 된다. 따라서 점검은 세 가지 단계로 이루어진다고 할 수 있다. 즉 '문제점의 확인-문제점 수정-새로운 계획으로의 반영'이다.

문제점 파악이 전체 결과를 좌우한다

점검의 첫 번째 단계는 문제점이 있다는 점을 발견하는 것이다. 내 새로운 시간 관리법, 생활방식을 점검했는데 별다른 문제점이 없다고 느낀다면 수정할 사항도 없는 것이므로 더 이상 점검을 할 필요도 없다.

기록의 중요성 문제점을 제대로 인식하기 위해서는 먼저 기록이 중요하다는 점을 짚고 넘어가지 않을 수 없다. 이 책의 여러 부분에서 강조를 했지만 **사람의 기억에는 한계가 있다.** 한 번에 머리에 담아둘 수 있는 것은 1~3개 정도, 몇십 초 정도의 시간에 그친다. 그런데 시간 관리는 하루 24시간을 대상으로 하는 것이다. 그중 수면시간 8시간 정도를 제외하면 16시간이 남는데, 4시간에 하나를 기억한다고 해도 네 가지가 되고 그 시간적 간격도 크게 벌어져 이미 쉽게 기억할 수 없는 개수가 된다. 예를 들어 내가 어떤 일을 할 때 실제 어느 정도의 시간을 쓰기 때문에 다음 계획 때는 어느 정도로 시간을 배정해야 할 것인지는 그때그때 사용한 시간을 기록해두지 않으면 불가능하다. 또한 뭔가 문제가 있어서 고쳐야 한다고 느끼더라도 다시 계획을 짜려고 앉았을 때는 이미 아무것도 기억하지 못하는 상황이 발생하는 것이다.

따라서 하루의 시간 관리 과정에서 뭔가 잘못된 점을 발견한 경우 그것을 그때그때 기록하는 것이 매우 중요하다. 수험생의 경우라면 하루 종일 책상 앞에 앉아 있는 것이 보통일 것이고, 바로 기록할 수 있는 수단을 항상 곁에 두고 있다. 그리고 공부할 분량과는 별개로 해야 할 일의 종류 자체가 매우 적다. 따라서 큰 문제가 없다. 그러나 직장인의 경우는 사정이 다르다. 해야 할 일의 개수나 종류가 수험생과는 비교할 수 없을 정도로 많고 복잡하다. 따라서 직장인의 경우에 당장 뭔가를 예쁘게 정리하려고 생각하지 말고 포스트잇이나 메신저 '나와의 채팅'을 열어서 재빨리 메모를 해두자. 일단 그렇게 메모해둔 것을 정리하고 해결책을 찾는 것은 이 다음 단계에서 하면 된다.

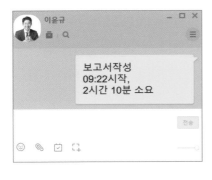

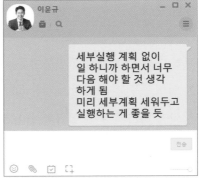

다만 앞서 예로 든 새벽 기상이 어렵다는 점같이 비교적 기억하기가 쉬운 것들인 경우에는 중간중간 끝낸 일을 체크하거나 하루 일과를 끝낼 때 차분히 생각을 떠올려 복기하면 된다.

완료 여부의 표시　이제 문제점 확인을 위해서 무엇을 기록하면 될까? 가장 먼저 해야 할 것은 바로 '일의 완료 여부'다. 시간 관리는 결국 계획된 시간 내에 계획한 일을 했는지의 여부로 그 성패가 좌우되는 것이므로 내가 계획한 일이 끝까지 수행되었는지를 기록하는 것이 중요하다. 해야 할 일 목록에서 끝낸 일들은 검정색으로 가로선을 그어서 지우자. 할 일 목록 앞쪽에 □를 만들어 ☑표시를 하는 경우도 있지만, 보기에는 예쁠지 몰라도 네모를 그리는 시간이나 그것을 다시 읽고 해독하는 시간이 낭비되는 문제가 있다. **간단하게 선을 그어 지우는 방법을 추천**한다.

그리고 비교적 덩치가 큰일의 경우에는 그것을 다 못했다고 하더라도 그대로 살려두지 말고 **잘게 나누어서 어느 부분까지 일을 처리했는지를 표시**해두자. '아, 그거 해야 하는데 하나도 못했어'라는 느낌과 '그거 어느 부분까지는 했지. 이제 어디만 하면 되겠다'라고 느끼는 것은 성취감을 얻고 다시 동기부여를 하는 것뿐 아니라, 다음 계획 때 해야 할 일의 범위를 명확히 해주는 데에서도 차이가 있다.

만약 **다하지 못한 일들이 남아 있다면 파란색 볼펜을 꺼내서 동그라미를 쳐두자.** 색상은 다른 것으로 해도 무방하지만, 종전에 썼던 색상

모두 한 일은 삭제

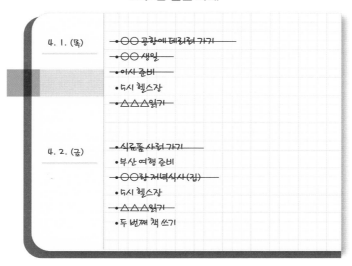

세부적으로 나누어서 삭제

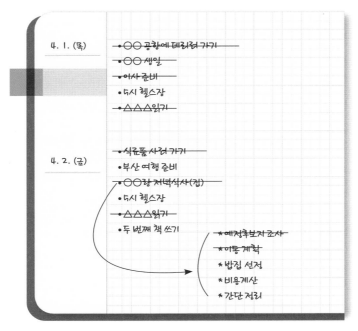

을 쓰면 시각적인 이익이 모두 사라진다. 그리고 동그라미를 쳐서 표시하는 것도 다른 곳에서는 사용하지 않고 오직 일을 미루는 경우에만 사용해야 한다. 마찬가지로 한눈에 쉽게 파악을 하기 위해서다.

못한 일은 파란색 동그라미

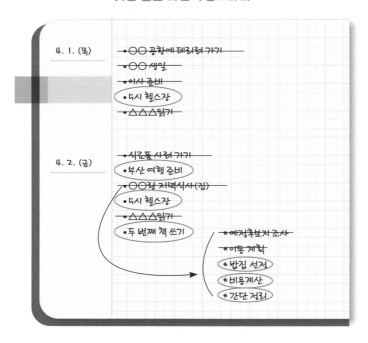

시간 관리가 잘 안 된다는 느낌이 들 때는 많은 경우에 해야 할 일이 얼마나 남았는지 명확히 잘 모를 때다. 그럴 때 도움이 되는 것이 바로 이 표시법이다. 플래너를 앞뒤로 쭉 넘기면서 파란색 동그라미만을 찾아 모아보면 일을 빠뜨리지 않을 수 있다.

걸린 시간의 기록

계획대로 실행이 되면 더 바랄 것이 없겠지만 현실은 그렇지 않다. 돈 관리를 잘하는 사람들을 보면 수입과 지출을 정확히 기록하고 관리한다. 국가는 예산을 짜는 것에 그치지 않고 반드시 결산을 하는 절차를 거친다. 이처럼 시간도 마치 '**시간 가계부**'를 쓰듯 기록해야 한다. 어떤 일을 할 때 내가 어느 정도의 시간을 쓰는지를 기록하지 않으면 향후 계획에서 그 일을 위한 시간을 더 늘릴지 줄일지를 정할 수가 없다.

시간 관리를 할 때에는 1시간이 아니라 15분이나 30분 단위로 쪼개서 관리를 해야 한다고 설명하는 경우도 있다. 1시간 단위로 계획을 세우면 그보다 적게 걸리는 일인 경우 남는 시간은 자투리 시간으로 활용하지 못한다면 결국 버리게 될 가능성이 크고, 계획단계에서 일이 촘촘하게 배치되지 못하는 문제도 생기기 때문이다.

하지만 그 이유를 알지 못한 채 껍데기만을 따라 하는 것은 아무 의미가 없다. 실제 일 처리에 사용된 시간을 기록하는 이유는 시간 감각을 기르기 위해서다. 즉 어떤 일을 위한 시간 배정을 할 때 어느 정도의 시간을 분배하는 것이 적정한지를 알기 위함이다. 그것을 통해 계획단계에서 불필요한 시간 낭비를 없앨 수 있다.

장기간 동안 고정적으로 해온 일이고 시간 감각이 좋은 사람이라면 어떤 일에 대한 계획을 세울 때 예상되는 소요시간을 비교적 정확하게 예측할 수 있다. 따라서 실제 실행단계에서도 계획대로 실행할 수 있게 된다. 반면 아직 친숙하지 않은 일이거나 시간 감각이 좋지 않은 사람이라면 계획과는 전혀 다른 실행결과를 마주하게 된다.

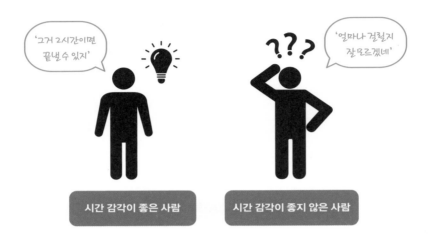

시간 감각이 좋지 않은 사람이라면 스스로 특정 일 처리에 걸리는 '평균시간'을 직접 통계를 내어 계산해봐야 한다. 이를 위해 반복되는 일의 처리시간을 모두 기록한 후 일주일 단위, 월 단위로 평균을 내본다. 그리고 그 시간이 전체 업무에서 몇 퍼센트 정도 비중을 갖는지 확인해보자. 이를 통해 '평균시간'도 알 수 있을 뿐 아니라 그 일을 할 때 걸리는 시간을 예측할 수 있게 되면서 계획실행에서의 불확실성이 줄어들고 그에 비례해 스트레스가 감소하는 이점도 있다.

이런 과정을 통해 계획과 실행의 차이가 나는 시간 단위가 5분 안팎이라면 다음부터는 5분 단위로 나누어 계획을 세우는 것이고, 15분이라면 15분 단위로 나누는 것이다. 요컨대 15분, 30분 단위 등으로 잘게

실제로 걸린 시간을 적을 것

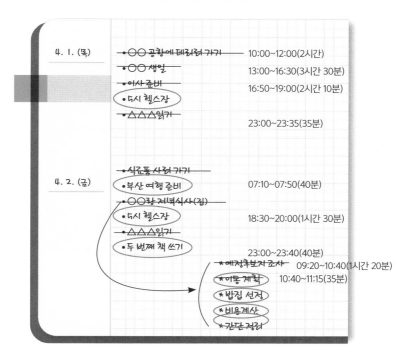

4. 1. (목)
- ~~○○ 공항에 데리러 가기~~ 10:00~12:00(2시간)
- ~~○○ 생일~~ 13:00~16:30(3시간 30분)
- ~~이사 준비~~ 16:50~19:00(2시간 10분)
- 5시 헬스장
- ~~△△△읽기~~ 23:00~23:35(35분)

4. 2. (금)
- ~~식료품 사러 가기~~
- 부산 여행 준비 07:10~07:50(40분)
- ~~○○랑 저녁식사(집)~~
- 5시 헬스장 18:30~20:00(1시간 30분)
- ~~△△△읽기~~
- 두 번째 책 쓰기 23:00~23:40(40분)

- ★예치후보자 조사 09:20~10:40(1시간 20분)
- ★이동 계획 10:40~11:15(35분)
- ★밥집 선정
- ★비용계산
- ★간단 정리

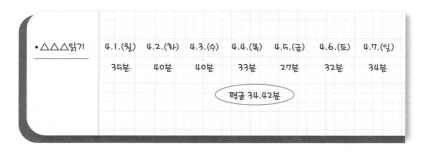

• △△△읽기	4.1.(월)	4.2.(화)	4.3.(수)	4.4.(목)	4.5.(금)	4.6.(토)	4.7.(일)
	35분	40분	40분	33분	27분	32분	34분

평균 34.42분

나누어 계획을 세우는 것은 바람직하지만, 그것은 다른 사람이 정한 기준을 가지고 하는 것이 아니라, 내가 직접 감각적으로든 통계적으로든 확인한 '반복 업무에 걸리는 표준시간'을 기준으로 세분화하는 것이다.

자체평가 하기　처리한 일과 아직 하지 못한 일을 나누어 표시하였다면, 이제 '처리한 일'의 뒤에 자체평가를 적어보자. **구체적인 점수를 매기는 방법, 상중하**(上中下)**로 측정하는 방법**, 만족감을 적는 방법 등이 있다. 세부적인 부분에서 수정이 필요하고 동기부여를 강하게 받아야 하는 경우라면 구체적인 점수로 표시하는 것이 좋고, 생활이 단순하고 다른 부분에서 동기부여를 할 수 있는 경우라면 상중하 정도로만 평가해도 좋다. 만약 내가 시간 관리를 잘못하고 있다는 점을 발견해서 멘탈에 손상을 입고 싶지 않은 경우라면 일에 대한 나의 만족감 정도로만 표시를 한다. 요는 정해진 방법이 있는 것이 아니라, 내 상황에 맞춰서 수단을 사용해야 하는 것이다.

어떤 일이 완료되었다고 해서 평가를 하지 않고 넘어가는 것은 더 나아질 여지가 있는데 그것을 억지로 보지 않거나 포기하는 것과 같다. 자체평가를 해서 점수 등을 부여하는 것은 잘된 일이라고 해도 반드시 복기를 해보면서 더 개선할 수 있는 점이 없는지 살피고 그 과정에서 자신을 더욱 채찍질하기 위한 방법이다.

점수로 매기는 경우-동기부여를 강하게 받고 싶을 때

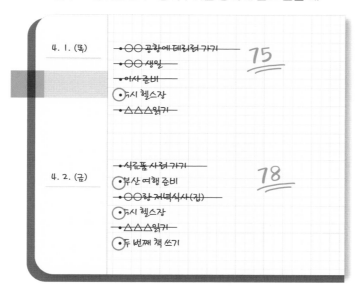

상중하로 매기는 경우 - 적절한 동기부여가 되고 있을 때

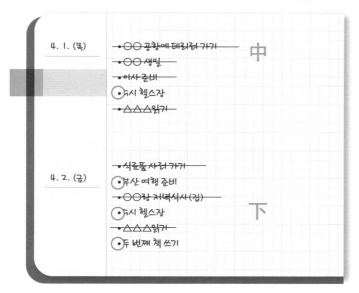

만족감만 표시-스스로 격려나 위로가 필요할 때

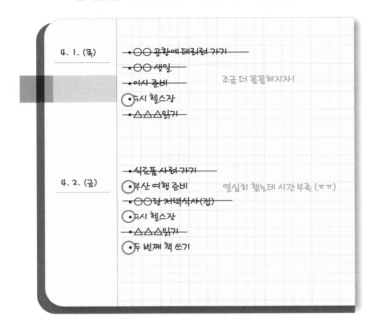

오늘 나의 점수표

비교적 시간 관리가 잘되고 있고, 시간 관리에 익숙해 머릿속으로 대체로 계획을 정리하고 문제점 파악이나 해결, 반영까지 할 수 있는 경우도 있다. 다만 그런 경우에도 **동기부여나 스스로 채찍질이 필요하다면** '오늘 나의 점수'라는 표를 만들어보기를 권한다. '표'라고 표현했지만 반드시 멋들어진 표를 만들어야 하는 것은 아니고, 일주일 단위로 쭉 볼 수 있는 곳이라면 포스트잇이든 빈 종이이든 메신저이든 어디든 좋다. 대신 여기에는 매우 구체적으로 스스로 생각하는 오늘 하루의 나의 일과 점수만을 적는다.

이를 통해 내 시간 관리, 생활 관리의 전반적인 추세를 확인할 수 있을 뿐 아니라, 개선점을 발견하고 문제를 수정하기가 더 쉬워진다. 동기부여의 면에서도 매우 큰 효과가 있다. 나는 생활 자체를 생활 관리가 쉽도록 단순화, 패턴화해두었기 때문에 일과가 복잡한 날이 아니라면 간단히 메신저로 꼭 해야 할 일의 순위만을 정리해두고, 그 외에는 오늘 나의 점수표만 만들어 쓰고 있다.

4월 첫째 주 하루 점수

4.1.(월)	4.2.(화)	4.3.(수)	4.4.(목)	4.5.(금)	4.6.(토)	4.7.(일)
75점	78점	81점	84점	88점	79점	82점

원인의 분석 한편 문제점이란 반드시 그것을 일으키는 원인과 함께 존재한다. 즉 시간 관리가 실패한 것에는 반드시 이유가 존재하는 것이다. 따라서 문제점을 확인하는 것은, 정확히는 문제점과 그 원인 두 가지를 함께 확인하는 것이다. 문제의 원인을 분석하는 데 있어 주의할 점은 다음과 같다.

①첫째는 '잘될 거야'라는 **무비판적이고 무계산적이며 무계획적인 낙천성을 경계**하는 것이다. 내 미래의 발전가능성을 믿고 성장으로 방향을 놓는 '긍정'과 '낙천'은 서로 구별이 된다. 즉 긍정은 있어야 하지만 낙천은 곤란하다. 낙천적이기만 한 사람은 무슨 문제가 있어도 잘

해결될 거라며 크게 문제의식을 갖지 못하기 쉽기 때문이다.

②둘째는 **문제의 원인을 나누어서 정확하게 분석**하는 것이다. 원인 파악이 얼마나 정확한지에 따라 점검의 성패가 갈린다고 해도 과언이 아니다.

예를 들어 새벽 5시에 일어나는 것으로 계획을 세웠는데 잘 지켜지지 않는다고 해보자. 이럴 때 문제점은 '새벽 5시 기상 실패'다. 그리고 원인은 다양할 수 있으나, '지속되는 야근으로 인해 밤늦게까지 일을 하다가 자기 때문'이라고 해보자. 이럴 때는 '충분한 숙면을 취하지 못해 새벽 5시에 일어나지 못한다'라는 것을 원인으로 인식할 수도 있다. 하지만 그것은 진정한 원인은 아니고, '지속적으로 야근을 해야 할 정도로 일이 많거나 내 업무 처리 효율이 떨어지는 것'이 진짜 이유인 것이다.

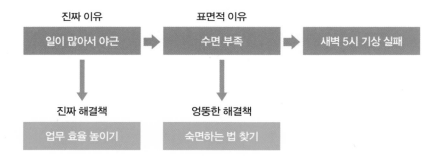

여기서 문제의 원인을 잘못 인식하면 엉뚱하게 숙면을 취하는 법을 찾게 될 수 있는 것이다. 하지만 그것은 미봉책에 지나지 않는다. 더 장기적이고 궁극적인 해결책은 일의 숫자를 줄이는 방법을 찾거나 더 빠르게 일을 처리하는 방법을 찾는 것이다.

③셋째는 어떤 문제가 발생했을 때 **진짜 원인이라고 생각되는 것을 '쿨하게' 인정하고 회피하지 않아야 한다**는 것이다. 지금 못했다고 하더라도 어차피 해야 할 일이므로 그 일을 하지 못한 진짜 이유를 마주하고 실망하고 좌절하는 것보다 가짜 이유를 만들어서 문제를 회피할 가능성이 있다.

예를 들어 '하루 영어공부 30분' 같은 것을 계획표에만 적어놓고 절대 실행하지 않는 경우를 생각해보자. 이 단순한 계획이 잘되지 않는 것은 실은 어디서부터 어떻게 시작해야 할지를 모르기 때문이거나 막상 해보니 너무 재미가 없고 따분해서 동기를 금방 상실하기 때문인 경우가 많다. 즉 이 경우의 원인은 '하고는 싶지만 방법을 잘 모르는 것'이다. 그런데 그 점을 직시하고 인정하지 않으면 돌연 이상한 결론으로 직행하게 된다. '나는 영어에는 소질이 없나 봐'라든가, '다른 일이 너무 많아서 할 수 없다'라는 식의 핑계 같은 것들이 이에 해당한다. 이렇게 원인을 왜곡해버리면 해당 부분의 문제가 절대 해결될 수 없다.

④넷째는 문제의 원인을 발견했을 때 **나와 관련 없는 조건에 결부시켜서는 안 된다**는 것이다. 그럴 경우 마찬가지로 '이건 나 때문이 아니야'라고 생각해서 문제를 회피해버릴 수 있다. 이는 특히 직장인의 경

우에 해당된다. 예를 들어 나는 일을 빨리 했는데 상사가 결재를 제때 해주지 않아서 일 처리가 늦고, 그로 인해 내가 다른 일에까지 영향을 받는다고 생각한 적이 있지 않은가?

분명 나는 내가 할 일을 빠르게, 그리고 제때 타이밍 좋게 처리한 것 같다. 그런데 왜 내 일이 밀리고 상사에게 좋은 평가를 받지 못하는 걸까? 이는 결국 타이밍을 조절해야 하는 문제인데, 그걸 알기 위해서는 '상사가 언제 결재 가능하고 여유가 있을 때인지를 아는 노력을 다하지 않았다'라는 점을 인식해야 한다. 내가 언제 그 일을 하는 것이 최적의 타이밍인지, 그 기준을 나로 맞추는 것이 아니라 결재를 하는 상대방에 맞추는 것이 여기서는 중요하다. 반면에 이와 달리 '상사의 적시 결재'라는 외부적인 요인을 결과에 규정해놓으면 결국 내 탓인 것은 없으므로 문제는 절대 해결되지 않는다.

⑤다섯째는 시간 관리 전략이 모두 수행되었다고 하더라도 반드시 그로 인하여 **달성하고자 하는 목표까지도 도달했는지를 확인**해봐야 한다. 만약 목표에는 이르지 못하는 경우, 마찬가지로 문제가 있는 것으로 취급해야 한다.

예를 들어 새벽 일찍 기상을 하기로 한 경우에, 새벽 5시에 일어나는 것까지는 성공했으나 일어난 이후에 무엇을 해야 할지 모르겠다거나 그 시간이 아니라 다른 시간에 자기계발이나 일을 하는 것이 더 효율적이라고 느끼는 경우가 여기에 해당한다. 이런 경우는 엉뚱하게도 '나는 아침형 인간은 아닌가 봐'라는 결론이 나버릴 수가 있지만, 수단과 목표의 관계를 잘못 설정한 것일 뿐, 그렇게 스스로를 비하할 필요는 전혀 없다. 이런 문제점은 특히 의지가 강함에도 시간 관리에 실패하는 사람들에게서 주로 발견된다.

애초에 못 일어나서 아무것도 못하는 것
=
일어났지만 아무것도 하지 않는 것

⑥여섯째는 지나치게 많은 문제점이 발견되거나 당장 해결하기 어려운 것 같은 **문제들이 보여도 좌절하지 말고 멘탈 관리를 잘해야 한다**는 것이다. 덮어두면 보이지 않았을 문제들을 괜히 들춰내서 마음 아프지 않으려고 하는 것은 내 마음의 만족을 위해 발전과 개선을 포기하는 행동이다. 모든 발전은 용기를 가지고 문제에 직면했을 때부터 시작된다는 점을 꼭 기억해야 한다.

로직트리 활용법　　문제점을 인식하는 방법에 대해서는 충분히 살펴보았는데, 구체적으로 어떤 식으로 적용을 할 수 있을까? 여기에는 피드백, 특히 그 첫 단계인 문제점 인식을 위해 매우 좋은 도구가 있다. 바로 '로직트리(Logic Tree)'이다. 로직트리는 마인드맵 기법을 응용한 것으로, 어떤 주제어를 적은 후에 그와 관련된 것 중 범위가 더 좁은 것을 추가로 적어가며 세분화하는 방식이다.

　먼저 가장 왼쪽에 시간 관리에 실패한 항목을 적는다. 그리고 그 이유를 잘게 쪼개 오른쪽에 적는다. 현재 단계에서 그 이유가 맞을지 틀릴지, 결과에 영향을 미쳤는지를 판단할 필요는 없다. 마치 계획단계에서 '만다라트'를 하듯 떠오르는 것을 적어나가는 것이 중요하다. 예를 들어 '2개월 동안 5kg 감량'이 목표였는데 목표를 달성하지 못한 경우라면, 일단 이것을 가장 왼쪽에 적는다. 그리고 나름의 이유를 적어본다. '운동 부족'과 '식단조절 실패' 같은 것을 생각할 수 있을 것이다. 이렇게 세부항목을 적었다면, 다시 전과 같은 방법으로 그 이유를 쪼개 오른쪽에 적는다. 이런 식으로 반복을 해나가다 더 쪼갤 수 없는 것이 적힌다면 그것이 내가 계획에 실패한 최종적인 세부 이유가 된다.

다만 늘 로직트리를 만들어야 하는 것은 아니다. 쉽게 원인분석이 안 되거나 면밀하게 살펴볼 필요가 있다는 생각이 들때만 따로 로직트리를 그려보고, 대부분의 경우는 플래너나 다이어리에 바로 볼펜 등으로 이유를 적어 넣으면 된다.

실행하지 못한 이유 적기

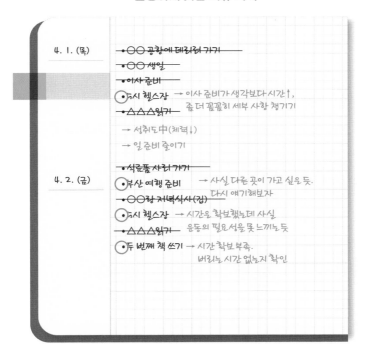

면밀하게 따져보되 과감하게 수정하라

점검의 두 번째 단계는 문제점 수정이다. 앞서 시간 관리상에 문제점이 발생했을 경우 그 원인까지 파악하는 법에 대해서 설명을 했는데, 이제는 그 발견한 원인에 대해 해결책을 도출해야 한다.

수정 가능성 확인하기 해결책 도출을 위해 가장 먼저 필요한 것은 앞서 분석한 세부적인 원인과 이유가 과연 수정이 가능한 것인지를 판별하는 것이다. **내가 아무리 노력해도 바꿀 수 없는 것에 시간과 에너지를 투자하는 것만큼 바보 같은 짓은 없다.**

예를 들어 앞서 감량에 실패한 이유가 '주 2회 헬스를 하지 못한 것' 때문이고, 그 이유는 '코로나로 인하여 체육관이 폐쇄되었기 때문'이라고 해보자. 이 상황에서는 내가 코로나를 종식시키고 체육관이 문을 열도록 만들 수는 없다. 따라서 이 부분은 해결책을 도출하는 부분에서는 고려해서는 안 된다.

나름의 기준이 생겼다면 이제 앞서 사용한 로직트리에서 최종적인 이유 부분에 '수정이 가능한 것'에만 동그라미를 쳐보자.

이 부분들만이 아래에서 볼 해결책을 가지고 제거해야 할 원인에 해당한다. 물론 간단하게 로직트리를 활용하지 않아도 되는 경우에도 마찬가지다. 이때는 바꿀 수 없는 것들에 대해서는 '수정불가(∵OO때문)'이라고 적으면 된다.

수정불가능한 내용도 표시

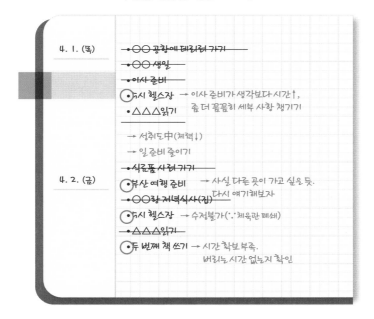

고정관념 깨기　　해결책을 도출하기 위해 다음으로 필요한 것은 내 고정관념을 깨는 것이다. 시간 관리에서 문제가 발생하는 이유는 결국 내가 기존에 가지고 있던 일의 우선순위에 대한 가치평가 같은 것들, 즉 **내 사고방식이 문제를 낳는 경우가 많기 때문**이다.

예를 들어 불면증에 시달려서 뜬눈으로 밤을 지새우는 바람에 아침이 되면 조느라 공부시간을 확보하지 못하는 경우를 생각해보자. 이 학생은 주변을 보니 소위 열심히 하는 학생들은 아침 7시부터 밤 11시까지 공부를 하므로(이러한 생활 관리를 '세븐일레븐'이라고도 부른다) 자신도 일찍 잠자리에 들어 아침 7시에는 일어나야 한다고 생각을 하는 것이다. 이 경우에 이 학생이 가진 문제는 불면증이고, 그 문제를 해결하기 위해서는 불면증 해결 방법을 찾게 된다. 인터넷 검색에서 시작해서 결국은 병원에서 상담을 받고 처방까지 받는다.

하지만 생각을 조금만 바꿔보면 굳이 그런 노력을 하지 않아도 시간을 충분히 효율적으로 쓸 수 있다. 먼저 아침 7시부터 밤 11시까지 공부는 중간의 점심과 저녁 식사 시간 1시간씩을 빼고 나면 하루에 14시간을 공부하는 것이다. 그렇다면 자신에게 맞는 시간에 일어나는 14시간 공부를 하고 2시간을 식사 시간으로 잡으면 되는 것이 아닐까? 굳이 불안해서 잠도 잘 오지 않는 시간에 누워서 하나도 공부를 못한 채 두근거리는 가슴을 부여잡고 시간을 날리는 것보다는, 불을 켜고 책상에 앉아 졸릴 때까지 공부를 하는 것이 훨씬 바람직하다. 그리고 수면을 취한 후에 일어나서 그때부터 14시간 공부, 총 2시간의 식사 시간 배분을 하면 되지 않을까? 나는 실제 수험생일 때 이와 같은 생각으로 생활을 했다. 밤을 새서 공부를 하고 아침 9시에 잠자리에 들었다. 이렇게 하면 시험 당일에 피곤해서 머리가 안 돌아가지 않느냐고 반문하는 사람도 있겠다. 하지만 목숨을 건 전쟁터에 나가는데 졸리는 것이 더 이상하게 느껴지고, 1~2주 전부터 생활 리듬을 돌리는 훈련을 하면 충분하다. 적어도 그런 고민은 공부가 되고 시험을 칠 수 있는 상황에서나 할 수 있는 고민으로 훨씬 가치가 있지 않을까?

직장인의 경우에는 앞서 설명한 것처럼 2순위와 3순위의 일을 서로 바꿔놓을 때 가장 많은 문제가 발생한다. 따라서 급한 것이 실제 내 생각만큼 급하지는 않다는 것, 궁극적으로 내게 더 큰 이익을 가져다주는 것은 결국 시급하지 않아도 중요도가 높은 일이라는 것을 깨닫는 것이 꼭 필요하다. 주변에 일을 잘한다고 평가받는 사람들을 한번 보라. "선제적으로 OO을 잘한다"라든가, "공격적으로 일을 잘한다"라는 평가를 받는 사람들은 그 중요한 일들을 대체 언제 해둔 것일까? 그렇다. 내가 나만 급하다고 생각하는 일을 처리하느라 허덕이던 때에 조금씩 시간을 빼서 꾸준히 해온 것이다.

수정의 순서 문제점을 해결할 때에는 지켜야 할 순서가 있다. 잘 생각해보면 시간 관리를 위해 계획을 짜고 실행을 하는 것은 이미 그만큼의 시간과 그에 필요한 에너지라는 자원을 소비한 것이다. 투입한 자원들을 무가치한 것으로 만들지 않기 위해서는 최소한도로 수정을 해나가야 한다.

①먼저 계획의 수정은 1차적으로 **수단의 수정**이라는 점을 명확하게 인식해야 한다(목적과 수단에 대해서는 '일의 체계를 만드는 법' 부분 참조). 계획이 제대로 실행되지 않은 경우에 그로 인한 실패감이나 좌절감으로 인하여 수단이 아니라 목적 자체를 수정하게 되는 경우도 있다. 하지만 계획과 실행, 그리고 시간 관리법은 어디까지나 내가 이루고자 하는 목표 내지 목적을 위한 수단에 불과한데, 수단이 잘 작동하지 않는다고 하여 목적을 수정해서는 안 된다. 그것은 수단에 목적을 맞춘 게 되어버려서 시간 관리가 잘되더라도 결국에는 엉뚱한 목표에 도달하게 된다.

예를 들어 초보 유튜버들이 보통 이런 실수를 많이 저지른다. 내가 유튜브를 하다 보니 주변에서 자신도 유튜브를 하겠다고 시작한 경우가 굉장히 많았다. 애초에 유튜브를 통해서 얻고자 하는 목적은 즐거움과 수익(돈)이었다. 그런데 생각보다 조회수가 나오지 않고 구독자가 늘지 않자 종전의 계획을 수정하여 편집에 과도한 시간과 노력을 투자하면서 괴로움을 느끼게 되고(즐거움의 상실), 자신이 스스로 하기 어려운 경우에는 사람을 고용해서 일을 맡기기도 한다(수익의 상실). 어느 순간부터 유튜브를 한다는 일의 목적이 즐거움과 수익이 아니라, 편집이 되어버리는 것이다.

②수단을 수정할 때 가장 쉬운 방법은 **수치를 조정**하는 것이다. 앞의 방법대로 계획을 세웠다면 계획들은 모두 수치화가 가능한 상태(Measurable)일 텐데, 그 목표수치들을 합리적인 방향으로 조정하는 것이다.

예를 들어 일주일에 업로드하는 영상의 양을 줄인다든지, 책을 집필하는 경우라면 하루나 일주일에 쓸 분량을 줄인다든지, 일반적인 일에 있어 데드라인을 조정한다든지 생산량을 줄인다든지 하는 것이 이에 해당한다. 수험생이라면 하루나 일주일에 공부할 양, 목표점수 등을 변경하는 것이 이에 해당한다.

③분석의 결과 **수단을 전면적으로 교체**해야 하는 경우도 있다. 특히 이 부분은 앞서 5W2H 질문법으로도 걸러지지 않았지만, 수치화된 수단이 낸 결과물들, 즉 통계에 비춰볼 때 더는 목적달성이 되지 않는 수단이라고 생각되는 경우들이다. 이는 특히 상대방이 있는 일, 그리고 그 상대방의 요구가 실시간으로 변경되는 경우에 해당된다. 유튜브뿐 아니라 TV 방송 등에서 수시로 코너나 프로그램이 폐지되고 신설되는 것이 적절한 예다. 수험생의 경우에는 면밀한 검토 없이 해마다 인강 강사를 바꾸는 경우가 있다. 하지만 수험생이든 아니든 결과를 만들어내는 요소는 노력과 방법 두 가지인데, 그중 '노력'이라는 변수를 최대치로 고정하지 않은 상태에서는, 즉 의사결정 과정이 최대한도에서 합리적이라는 것이 전제되지 않은 상황이라면, 잘못된 결과가 방법 때문에 발생했다는 것을 보장할 수는 없다는 점을 기억해둬야 한다.

④수단을 최대한도로 조정하였으나 여전히 목표 달성이 되지 않는 경우라면, 혹시 **목표 자체를 잘못 설정한 것은 아닌지 검토**를 해봐야 할 차례다. 그리고 너무 무리한 목표라고 판단될 경우에는 즉각적으로 방향을 바꿔야 한다. 나는 이것을 '아웃풋 감수성'이라고 부르고 있는데,

더 이상 아웃풋이 나오지 않는 상황이 찾아왔을 때 일단은 수단을 조정하는 방식으로 나가더라도, 계속해서 수단만을 조정하다가는 역시 에너지와 시간을 낭비하게 된다. 그래서 어느 시점에서는 과감하게 목적 자체에 대해 의심을 하고 수정을 하는 과정이 필요한데, 이는 굉장히 많은 경험과 자료, 통계 등이 필요한 것이어서 어떤 경우에 어떤 식으로 하라고 말을 하기는 어렵기 때문에 이와 같이 부르고 있는 것이다.

완벽주의의 진짜 의미　해결책을 도출할 때 또 한 가지 기억해야 할 것이 있다. 바로 완벽주의를 포기하고 이상적인 나의 모습에서 멀어져야 한다는 것이다. 앞서 계획을 세울 때 현실적이지 않은, 실현이 가능하지 않은 것은 계획이라기보다는 다짐에 불과하다고 설명했다. 이 점은 문제를 해결할 때도 마찬가지다. 즉 이 단계에서의 완벽주의란 **실은 정확하게 계산이 되지 않은 무모함**일 수도 있는 것이다.

예를 들어 시간적으로 도무지 무언가를 할 수 없는 상황임에도 지속적으로 어떤 일을 계획에 넣는 경우가 있다. '하루 30분 영어공부' 같은 것인데, 이것을 반드시 해야겠다는 일념 하에 나머지 계획들을 더욱 촘촘하게 나누고 재배치하는 것을 해결책으로 도출하였다고 해보자. 그러나 여전히 영어공부는 하지 못하고 있다. 이는 자신이 게으르다거나 시간 관리법을 잘 모르기 때문이라고 착각하기 쉬운데, 실은 노력이나 방법이 부족한 상황이 아니다. 오히려 정확한 계산 없이 이상적인 모습에 다가가려 하는 것이 문제인 상황이다.

어떤 일을 하기로 계획을 세우고 실행을 했으나 생각대로 잘되지 않는 경우, 그것은 그 사람이 게으르기 때문에 실행을 못하는 것일까 아니면 실제 할 수 없는 일을 하고 있는 것이기에 애초에 무모한 계획이었을까? 일단 계획단계를 지나고 나서 실행단계에서는 두 가지를 구별하는 게 쉽지 않다. 둘 다 유의미한 실행행위를 하지 않고 있다는 점에서는 동일하기 때문이다. 예를 들어 에베레스트를 몇 번이나 완등한 경험이 있는 등반가가 안나푸르나에 오를 계획을 세웠으나 실행을 하지 않는 경우와 등산이라고는 초등학교 시절 아버지를 따라 뒷산에 올라가본 것이 전부인 사람이 안나푸르나에 오르지 않고 있는 경우를 비교해보자. 다른 요인을 제외한다면, 전자는 게으름 때문에 실행을 하지 않는 것에 가깝지만 후자는 무모함으로 인하여 실행을 하지 못하고 있는 것에 가까울 것이다.

애초에 정밀한 계획을 세우지 않고 일을 하는 사람 또는 자신이 그 일을 할 수 있는 사람인지 등에 대한 계산력이 부족한 사람이라면 실은 무모한 계획을 세운 것이다. 즉 위의 예라면 실제로는 안나푸르나를 등반할 능력이 없는 사람에 해당한다. 그런데 이 경우 자신에게 계획이나 계산능력이 부족하다는 점을 알지 못한다면 자신이 무모하다고 생각하는 것이 아니라 게으르다고 잘못 생각하게 된다. 제대로 된 계획을 세우면 내가 원하는 목표를 달성할 수 있다고 생각하는 것이 아니라, 나는 게으른 사람이라고 생각하며 스스로에게 실망을 하고 엉뚱한 곳에서 해결책을 찾으려 할 수 있는 것이다. 그러나 그렇게 해서는 문제가 해결되지 않는다. 잘못된 원인분석에 따른 해결책이기 때문이다.

장기계획을 가지고 일을 하는 경우 이처럼 무모함과 게으름을 구별하지 못해 슬럼프에 빠지는 사람들을 종종 본다. 특히 같은 일을 하고 있지만 과거와는 정신적·육체적 체력에서 차이가 나서 더 이상 과거와 같은 속도와 텐션으로 일을 할 수 없음에도 스스로를 과신하여 자신은 단지 게으를 뿐 언제든 예전처럼 일할 수 있다고 착각한다면, 장기적으로 그런 일은 스스로를 갉아먹게 되고 깊은 슬럼프와 번아웃을 초래하게 된다.

시뮬레이션 해보기 나름대로 해결책을 도출했다면 이제 무엇을 하면 될까? 많은 경우 해결책을 도출하는 데서 만족을 하거나 에너지를 다 쓰게 된다. 아니, 계획도 촘촘하게 세우고 실행도 빡빡하게 하고 힘들어 죽겠는데 하나하나 실패한 것들과 개선할 것들을 찾아서 원인도 분석해야 하고 겨우 해결책을 도출했더니 하나 더 해야 하는 게 있다고?

그렇다. 이쯤 오면 많이 지치고 힘들어진다는 것을 충분히 알고 있다. 하루하루 버티기 어려울 정도의 강도로 일을 하거나, 다른 이유로 삶에 지친 사람들도 있을 것이다. 하지만 기왕 시간과 에너지를 쏟았다면, **다음 계획에서 헛된 낭비가 발생하지 않도록 조금만 더 투자를 해** 보면 어떨까?

이 단계까지 오면 내가 도출한 해결책이 잘 작동할지 머릿속으로 시뮬레이션을 해보는 것이 너무 중요하다. 다만 내일이나 다음 계획은 쉽게 상상을 하기 어려우므로 **오늘 하루, 실패한 계획에 대입**을 하여 시뮬레이션을 해보자. 쉽지 않겠지만 다시 한 번 하루를 산다는 느낌으로 수정한 해결책을 보면서 차근히 생각해보자. 그리고 그 도출한 해결책대로 했을 경우 문제는 없을지 스스로에게 질문하고 점검해보자.

차선책은 모을 것 해결책을 도출하는 과정에서는 대개 현재 최선으로 생각되는 방향의 해결책 하나를 택하게 된다. 하지만 과연 그 해결책이 정말로 효과적이고 문제를 해결해줄 수 있을지는 아무도 모른다. 계획을 수정하여 실행했는데 오히려 종전보다 더 비효율적인 결과가 나올 수도 있는 것이다.

그렇기 때문에 어떤 문제를 해결하려고 할 때 다양한 해결책이 나온 경우에는 최선으로 생각되는 것만 남기고, 나머지는 폐기하지 말고 메모를 하는 등 꼭 모아둬야 한다. 당장에는 정보 부족으로 차선책으로 생각되는 것이 **실제로는 최선의 방법이었던 경우도 있고, 차선책들을 실행에 옮기면서 새로운 최선의 방법을 찾는 경우도 있기 때문**이다.

예를 들어 새해 계획으로 '하루 30분 책 읽기'를 정했다고 해보자. 그리고 그 전략으로 하루 30분 시간을 확보했다. 아침 기상 직후, 대중교통으로 이동하는 시간, 회사 출근 직후, 퇴근 후 집에서의 시간 등 선택지도 만들었다. 처음에는 그중 가장 여유가 있을 것 같은 기상 직후에 책을 읽는 것으로 계획을 세웠다. 하지만 점차 기상이 힘들어지고 아침에 시간을 확보하는 게 어려워질 수 있다. 또는 아침에 일어나서 독서 대신 음악을 들으며 기분을 고취시키는 게 훨씬 하루를 사는 데 도움이 된다고 느꼈다면 다른 시간으로 독서 시간을 재배치할 수 있다.

그런데 이렇게 재배치한 것이 또 효율이 적게 느껴지는 경우도 있을 수 있다. 아니면 이렇게 여러 번 재배치를 한 결과 나는 그것이 '언제든 내가 내킬 때 30분'간 독서를 하는 것이면 충분하다는 결론에 도달할 수도 있다. 이는 해결책을 내는 과정에서는 몰랐지만 후에 발견한 해결책에 해당한다. 실제로 나는 이러한 방식으로 하루에 30분씩 책을 읽고 있다.

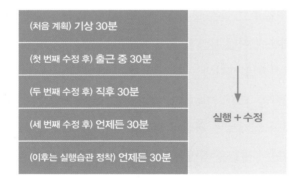

이렇게 보면 해결책 도출 과정에서 중요한 것은 어쩌면 너무 엄격하게 정해진 시간에 계획을 수행하려 하는 것보다도 탄력적으로, 더 큰 시야로 계획을 수행하는 점일 수 있겠다.

실제로 바뀌지 않는다면 점검은 아무런 의미가 없다

점검의 세 번째 단계는 새로운 계획 내지 실행에의 반영이다. 문제점을 인지하고 수정하더라도 그다음 계획을 세우는 과정에 반영이 되지 않는다면 실제 점검을 통한 변화는 없는 것이므로 점검을 하는 아무런 의미가 없게 된다. 피드'백'이라는 개념 자체가, 다시 과거로 돌아가 (Back) 수정을 한다는 의미라는 점도 생각을 해보자.

즉각적 반영 문제점을 발견하고 해결책도 도출을 했다. 여기까지만 해도 굉장한 보람을 느끼게 된다. 종전에는 몰랐던 것들이 보이기 시작하고, 나름대로 해결책도 보이며, 누군가에게는 조언도 해줄 수 있을 것 같다. 나도 어쩌면 '시간 관리법'의 전문가가 된 것 같은 착각도 든다.

그러나 이는 어떻든 내 삶에서 바뀌는 부분이 없다면 그것은 또 다른 헛된 만족에 불과하다. 잘못된 시간 관리 전략을 수정하고 있다는 그 사실에 만족해서는 안 되고 반드시 새로운 계획에 반영하는 것이 중요하다. 특히 반복되는 계획이라면 오늘 실패한 것에 대해 패인을 분석하고 해결책을 도출한 후 **내일의 계획과 장기계획에도 반영하여 즉각적으로 나머지 계획을 수정해야** 한다.

플래너를 보면 아까 파란색으로 동그라미를 쳐둔 할 일들이 보일 것이다. 이것들을 모두 해당 날짜로 옮기도록 하자. 옮겨 적을 때도 일단은 파란색 펜으로 적는다. 그리고 그 계획 앞에는 괄호를 치고 원래 그 계획이 있던 날짜를 적는다. 예를 들면 '(3. 18. →) 50~80페이지까지 읽기'와 같은 식이다. 그리고 원래 그 일들이 있던 페이지로 돌아와 옮겨진 일들에 파란색으로 중간에 줄을 긋는다. 그리고 뒤에 '(→ 3. 20.)'과 같이 괄호를 쳐서 해당 계획이 이동한 날짜를 표시해준다. 번거롭지만 이런 표시를 해두어야 나중에 빠뜨린 일이 없다는 점을 확인하기가 쉽고 일이 얼마만큼 미뤄지고 실행이 되지 않고 있는 것인지, 즉 '계산되지 못한 무모한 일'이었는지도 쉽게 판별할 수 있게 된다. 미룰수록 새로운 일이 되고 시간 관리에 실패하게 된다는 점을 기억해두자.

못한 일 새로운 계획으로 옮기기

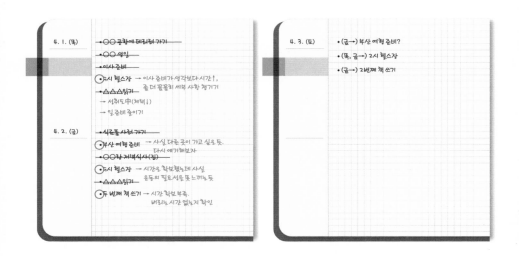

앞의 즉각적 반영은 주로 계획단계의 일들에 적용되는 원칙이었다. 실행은 직접 그것을 할 때 수정하고 새롭게 행동을 할 수 있기 때문이다. 그런데 **계획은 완벽한 것 같은데, 자꾸 실행단계에서 실패를 하는 경우가 있다.**

디지털 기기를 사용하는 수험생이나 직장인이라면 십분 공감할 것이다. 분명 실행에 방해가 되는 것들은 미리 차단하고 멀리하고 잘못된 습관이 작동하는 것도 막아야 한다는 것을 모두가 알고 있다. 하지만 공부를 하거나 일을 하려고 자리에 앉으면 몇 분이 채 지나지 않아 메신저로 마우스 커서를 이동하고 있는 자신을 발견하게 된다. 일보다 스마트폰을 더 하는 것이 아닌가 싶을 정도로 수시로 SNS를 확인하고 단톡방을 체크하는 자신을 발견하게 된다. 이처럼 실행단계에서는 내가 이성적으로 세운 계획이나 해결책보다 몸의 관성이 먼저 작동하기 때문에 효과적으로 피드백을 하기가 어렵다.

이럴 때는 내 이성적인 해결책을 반복적으로 각인시키는 방법을 활용하는 게 좋다. **내 자신과 미리 약속을 해두고 그것을 포스트잇 같은 곳에 적어 눈에 잘 보이는 곳에 붙여두는 것이다.** 이때는 주의사항이 몇 가지 있다.

①먼저 '이 정도는 그래도 할 수 있다'라는 생각이 들 정도로 작은 약속부터 시작해야 한다는 점이다. 너무 크고 어려운 것 말고, 너무 본능을 억누르는 것 말고, 정말 지킬 수 있는 약속부터 시작해야 한다. 예를 들어 '보고서 한 꼭지 다 쓰기 전까지는 스마트폰 보지 않기' 이런 식이

다. 다만 이렇게 작은 약속에서 출발해서 점차 이성이 본능을 누르는 힘을 기르게 되면 조금씩 약속의 범위를 넓힌다. '1순위 일을 하는 동안은 컴톡 자체를 꺼두기'와 같은 식이다.

②다음으로는 이런 약속이나 각인을 만드는 그 자체로 만족을 하거나 재미를 느끼면 안 된다는 것이다. 책상이나 모니터 앞에 'OO 하지 말 것!!!' '★★OO 반드시 할 것'이라는 식으로 적은 포스트잇이 잔뜩 붙은 경우들을 본 적이 있을 것이다.

이런 경우는 실은 업무 처리 방식이나 집중력 그 자체에 심각한 문제가 있는 것으로 아마 그 사람에게 물어보면 어떤 포스트잇이 붙어 있었는지도 기억을 못 할 것이다. 전면적으로 일 처리 방식을 고쳐야 하는

경우이고, 더 이상 이런 약속이나 각인이 기능을 하지 못한다. 제대로 된 경우는 정말로 주의해야 할 것들 서너 개 정도가 붙어 있는 경우다.

③또한 그러한 각인들이 혹시 계획으로 편입될 수 있는 것은 아닌지, 그것을 포함해서 내 지식습득이나 업무 처리 방식 자체를 변경해야 하는 것은 아닌지도 수시로 확인해봐야 한다는 것이다. 어떤 것을 해서는 안 된다는 각인은 여기에 해당하기 어렵겠지만, 'OO할 때 OO 꼭 챙기기' 같은 것은 계획단계에서 세부계획을 수립할 때 포함되게 할 수 있다.

④각인을 만드는 시기는 언제든 관계없다. 일반적으로는 점검단계에서 이루어지겠지만, 막상 실행에 닥쳐서 '이것만은 지키자'라고 급히 다짐을 하는 경우도 있다. 형식적인 부분들에 치중하지 말고, 내 시간관리의 효율성, 아웃풋 효율성을 높이는 도구라는 점을 염두에 두고 사고를 유연하게 하자.

적절한 보상 하기

이처럼 새로운 습관을 만드는 것은 쉽지 않다. 앞서 설명한 '습관 버튼'을 누르지 않는 이성적인 방법으로 항상 문제가 해결되는 것은 아니다. 안 좋은 예전의 습관에서 벗어나 새로운 습관을 갖는다는 것은 내 삶의 기본값을 하나 바꾸는 것이기 때문이다. 따라서 기본적으로는 계속하여 새로운 습관이 몸에 익도록 반복하는 것이 중요하다. 하지만 그저 반복하기만 하면 충분한 것일까?

사람의 본능은 불이익을 피하고 이익이 되는 것을 추구한다고 알려져 있다. 앞의 '각인'이 무언가를 하는 것이 나에게 불이익을 줄 것이라는 경고적인, 장래 닥칠 불이익에 대한 것이었다면, 반대로 회유적인 방식으로, 장래의 이익을 통해서 본능적인 행동 습관을 바꿀 수 있다. 바로 적절한 보상을 주는 것이다.

어떤 일을 해냈을 때 휴식을 부여하는 비금전적인 것부터('여기까지만 하고 쉬자'), 스스로에게 물건을 사주는 것처럼 금전적인 것까지('여기까지만 하고 커피 한 잔 해야지'), 앞의 예처럼 소극적인 것보다는 더 적극적인, 예를 들어 정말로 더 하고 싶은 일을 마음껏 하게 해주는 것까지 매우 다양한 형태의 보상이 존재한다.

이 중 어느 것을 선택할지는 개인의 취향이나 호오에 달린 문제다. 다만 시간 관리의 효율이라는 측면에서 본다면, **하기 싫은 일을 할 때 하고 싶은 일, 특히 2순위의 일을 보상으로 주는 방식**(와인 관련 자격증을 따는 게 목표라면 '여기까지만 하고 와인 공부 30분 해야지')이 자원의 낭비 없이 효율이 높은 방식이라고 하겠다.

만족감이 아닌 객관적 결과 보기　점검의 최종단계는 이전에 만들어두었던 만족감의 잔해들을 처리하는 것이다. 성격에 따라 차이가 있을 수 있지만, 실효성이 없는 계획표나 앞서 보았던 지나치게 많고 기억도 못하는 각인들 같은 것을 그대로 방치하는 경우가 있다. 우선순위를 4개로 나누어둔 화이트보드를 책상머리에 놓았는데 실은 메신저 나와의 채팅 기능으로 시간 관리가 가능해서 쓰지 않는다거나

256

간트 차트가 좋다고 해서 벽에 거대하게 출력해 붙여놓고 여러 포스트 잇으로 화려하게 장식을 해두었는데 실제 이후에는 별 쓸 일이 없었다든지 하는 경우도 마찬가지다.

뭔가 이상적이고 좋아 보여서 시도를 해봤지만 더 이상 실효성이 없고 쓰지 않는 것들은 즉각적으로 판단을 해서 시야에서 제거해야 한다. 그런 것들에 눈이 갈 때마다 머릿속으로는 불필요한 사고를 하고 있는 것이고 결국에는 내 판단의 총 개수가 줄어들게 된다. 앞에서 소개한 아이젠하워 대통령의 경우에 잠들기 전에 다음 날 입을 옷을 미리 정해두기 때문에 20분 만에 목욕과 옷 입기까지 끝냈다. 또한 스티브 잡스는 생전에 항상 같은 옷을 입기로 유명했는데, 그 이유는 자신이 하루 중 할 수 있는 판단 중 하나를 아무짝에 의미가 없는 옷 고르기에 쓰고 싶지 않았기 때문이라는 것은 이미 너무 유명한 이야기다.

여기서도 중요한 것은 다시 반복하거니와 무언가를 '하고 있다는 만족감'보다는 그러한 만족감과는 별개로 '정말로 내 삶이 바뀌고 결과가 나오고 있는가' 하는 객관적인 부분에 더 무게를 두어야 한다는 것이다. 가장 편하고 가장 자주 쓰는 것들만 남기고 나머지 사고를 방해하는 것들을 모두 제거하자. 지금 당장 책상부터 치워보자. 사소한 일부터 시작해야 한다는 의미로 하는 말이 아니라, 정말 손이 가는 곳에 물건들이 놓여 있는지, 쓰지 않는 물건들이 올려져 있는 것은 아닌지부터 점검을 해보자는 것이다. 눈에 보이는 것도 잘 정리가 안 되는데 눈에 안 보이는 시간과 일이 제대로 정리될 수는 없다.

**계속 미뤄지는
일의 재평가** 이렇게 계획도 세우고 실행도 하고 점검도 하면서
따라가도 계속해서 '처리가 안 되는 일'로 남으며
다음 계획표로 이사만 갈 뿐 영원히 숙제로 남아 스스로를 괴롭히는 일
들이 생긴다.

그런 일들은 일단 계속 다음 계획으로 옮겨 적자. 그리고 동시에 그
런 일들만을 따로 모아서 적어두자. 다음 계획으로 옮겨 적지 않고 그
리스트에서 따로 관리하는 게 스트레스를 덜 받는다면 이제 새로운 계
획으로 옮겨 적는 것은 중단한다. 서랍을 하나 만들어서 그런 일을 따
로 모아도 좋고, 스케줄러나 어플에서 따로 한 장을 빼서 써도 좋다. **물
리적으로 분리하든 디지털 공간에서 새로 폴더를 만들든 별도의 공간
을 만들어 모으는 것이 포인트**이다.

그렇게 잊고 다른 일들을 처리하자. 그러다가 시간이 충분히 지난
후에 그 리스트를 다시 열어보자. 그러면 놀랍게도 1~3순위의 일이 아
니라 4순위의 일인 것들이 굉장히 많을 것이다. 즉 하든 안 하든 별로
문제가 없는 일인 것이다.

이처럼 잘 처리 되지 않는 일은 시간이 지나면서 재평가를 하는 작
업이 중요하다. 이를 통해 불필요한 스트레스를 줄이고 나의 일 분류의
기준을 조금 더 명확히 할 수 있다. 이런 일들은 분류 당시에는 과잉의
욕으로 높은 순위로 분류되었을 뿐이기 때문이다.

대신 그 별도의 리스트에는 반드시 이름을 붙이자. '**한 달 이상 안 하
면 폐기**'라는 식의 이름 말이다. 이런 일들을 언제까지 묵히는 것도 또

다른 비효율을 낳는다. 따라서 처리기한을 정해놓고 그 시간이 지나면 곧바로 폐기하는 것이 좋다. 그런 일들은 어차피 '현재' 내가 하는 일의 대세와는 전혀 관계가 없다.

기록과 점검의 시기

직장인의 기록　기록과 점검은 하루 중 언제 하는 것이 효율적일까? 먼저 직장인의 경우라면 **매 업무가 끝날 때마다 걸린 시간을 기록**한다. 일이 다양하거나 복잡한 경우에는 후에 이를 복기하는 것도 만만치 않기 때문에 그때그때 기록한다. 그리고 **퇴근 직전에 완료한 일과 그렇지 못한 일을 구별**해둔다. 처리한 일을 통해 성취감을 느끼고 스트레스를 덜며 하지 못한 일을 내일의 계획에 편입시키기 위한 준비를 하는 것이다. 그리고 **마지막으로 하루를 마무리하기 전에** 평가와 문제점 분석, 해결점 도출, 반영 등 나머지 작업을 한다. 물론 중간중간 순간적으로 떠오르는 생각들도 적절히 기록을 해두었다가 최종점검때 반영한다.

수험생의 기록　수험생의 경우는 생활이 단순하고 제대로 공부하는 경우라면 하루 여러 과목을 인풋을 하지 않을 것이며 아웃풋은 애초에 시간을 정해놓고 실제 시험과 똑같은 상황에서 연습을 할 것이기 때문에 매 공부가 끝날 때마다 시간을 체크할 필요는 없다. 수험생은 생활이 지나치게 경직되어 있고 스스로 채찍질을 가하는 경우가 많으며 장기집중력으로 공부하는 경우까지 고려하면 더더욱 스톱워치 등으로 시간을 재는 등으로 기록을 하는 것이 바람직하지 않다. 수험생은 점심식사 전, 저녁식사 전, 취침 전 이렇게 세 번에 나눠서 점검의 모든 과정을 세 번 반복하면 된다.

- 점검은 내가 책으로 배운 것이 정말 제대로 작동하는지 확인할 수 있게 해두고, 나의 삶의 기본값을 바꾸게 해준다는 점에 필요하다.
- 점검은 문제점 확인–문제점 수정–새로운 계획 반영의 3단계로 이루어진다.
- 문제점 확인에 앞서 사람의 기억에는 한계가 있기 때문에 반드시 기록을 해야 한다. 먼저 완료된 일은 선을 그어 지우고, 다하지 못한 일은 파란색 볼펜으로 동그라미를 쳐서 표시한다. 처리한 일은 걸린 시간을 기록하고 점수 등을 매겨 자체평가한다. 잘된 일이든 하지 못한 일이든 원인을 분석한다. 여기서 문제점이 확인된다. 이 과정에서는 로직트리를 활용하는 게 효과적이다.
- 문제점 수정은 수정가능한 일인지를 분별한 후에 바꿀 수 있는 일이라면 고정관념에서 벗어나서 수단의 수치부터 수정한다. 이 과정에서 무모함과 게으름은 구별되어야 하고, 시간 낭비를 줄이기 위해 수정한 계획을 미리 시뮬레이션을 해보는 게 좋다. 해결수단으로 채택되지 않은 것들도 일단은 모아둔다.
- 해결한 문제점을 참고해 즉각 다음에 세울 계획에 반영한다. 그래도 자꾸 실패하는 경우 포스트잇 등에 주의사항을 적어 잘 보이는 곳에 붙여둔다. 적절한 보상을 주는 것도 실천성 담보에 효과적이다. 한편 더 이상 사용하지 않는 수단들은 과감하게 제거한다. 계속해서 미뤄지는 일은 1개월 정도 기한을 정해두고 모았다가 과감하게 삭제한다.
- 기록의 시기는 직장인의 경우와 수험생의 경우가 다르다.

재충전하기

재충전이 시간 관리의 일부인 이유

시간 관리는 일의 효율성을 높이기 위한 기술이다. 결국 시간 관리에는 언제나 일을 한다는 사실, 즉 육체적 · 정신적 에너지가 소모된다는 사실이 동반되는 것이고, 달리 말하자면 **시간 관리는 육체적 · 정신적 에너지를 필요로 하는 것**을 전제로 하는 것이다. 따라서 육체적 · 정신적 에너지를 재충전하는 것도 시간 관리의 요소가 된다.

재충전을 하는 방법은 너무 다양하다. 누군가는 스키를 타러 갈 수도 있고, 누군가는 캠핑을 갈 수도 있다. 누군가는 조용한 집에 앉아서 책을 읽는 것이 재충전의 방법일 수도 있고, 누군가는 게임을 하는 것이 재충전의 방법일 수도, 스마트폰으로 넷플릭스를 보는 것이 재충전의 방법일 수도 있다. **어느 방법이든** 자신이 편안함을 느끼고 에너지가 회복된다는 느낌을 받으면 그것으로 충분하다.

나는 사람을 만나기 위해 일을 한다

저녁식사 약속자리에 나가면 거의 어김없이 듣는 질문이 있다. "그렇게 바쁘게 사는데 날 만날 시간은 어떻게 낸 거야?"

하지만 이는 큰 오해다. 나는 내가 좋아하는 사람들과 좋은 시간을 보내는 것에 매우 큰 행복을 느끼고 그것을 통해 재충전한다. 즉 그런 시간을 위해 일을 열심히 하는 것이다. 그리고 일이라는 것은 단순하고 쉬운 것이면 모르겠지만 결국은 사람간의 유대, 인적 네트워크로 하는 것이다. 따라서 나 혼자만의 시간이 아니라 다른 사람과의 시간에 투자하는 것이 어느 모로 봐도 현명한 결정이다.

그런데 지나치게 일의 효율만을 높이기 위해 아예 휴식을 취하지 않는 방법을 선택하는 사람들도 있다. 하지만 그러한 판단은 잘못되었다. 특히 초보 수험생 중에 이런 경우가 많다. 그 외에도 나도 모르게 '일의 역치'를 늘리는 사람들도 있다. 앞의 수험생들과는 달리 불안함이나 초

조합 때문에 억지로 공부를 하는 것이 아니라, 어쩌면 '일 중독'이라고 불러도 좋은, 일의 해결 또는 완성이 주는 성취감 내지 쾌감에 중독된 사람들인 것이다.

이 사람들은 일을 곧 휴식이라고 여기기도 하고, 실제 거의 쉬지 않고 있는데 스스로 충분히 휴식을 취하고 있다고 생각하기도 한다. 그러나 당장은 일을 끝내고 성과가 나오는 것이 더 만족스러울 수 있으나, 육체나 정신의 건강을 잃으면 그것에 투입될 시간과 노력은 과도한 일을 통해 얻은 이익을 훨씬 초과하게 된다. 따라서 재충전도 시간 관리의 일부라는 생각을 의식적으로 하면서, 비록 좋은 방향으로 일이 진행되고 있을지라도 중간중간 스스로의 상태를 점검해가는 것이 무엇보다도 중요하다. **휴식 또는 재충전은 당장은 쓸데없어 보이지만 그것이 결국에는 진정한 효율, 즉 유효함을 불러온다.** 즉 '유효한 쓸데없음'인 것이다.

육체적인 재충전과 정신적인 재충전

재충전이라고 뭉뚱그려서 말하면 재충전의 종류는 한 가지뿐인 것으로 생각이 되기도 하지만, 실제로는 두 가지 종류로 나누어 생각할 수 있다.

먼저 정신은 또렷한데 몸은 지친 경우다. 아직 공부나 일을 더 할 수 있을 것 같은데 도저히 졸려서 견디기가 어려운 경우가 그 예다. 이는 육체적인 재충전이 필요한 경우인데, 이 경우가 우리가 흔히 생각하는 '재충전 또는 휴식이 필요한 경우'에 해당한다.

반면에 잠도 충분히 잤고 피곤하지는 않지만 어떤 일을 하는 게 정신적으로 너무 지쳐서 머릿속에서 거부하는 경우가 있다. 이는 머리가 쉬어야 하는 경우, 즉 정신적인 재충전이 필요한 경우다. 우리나라에서는 이 부분을 조금 경시하는 경향이 있는데, 이 역시 재충전이 필요하다.

육체적 재충전이
필요한 경우

정신적 재충전이
필요한 경우

물론 육체적인 재충전과 정신적인 재충전이 딱 나누어지는 것은 아니고 많은 경우에는 두 가지가 동시에 일어난다. 하지만 이와 같이 나눠보는 이유는 일의 효율이 떨어져 시간 관리에 실패하고 있을 때 그 원인을 조금이라도 더 정확하게 찾고 그에 맞는 해결책을 도출하기 위해서다. 종합감기약을 먹으면 목감기와 코감기가 다 나을 수는 있겠지만, 코감기만 걸린 사람이라면 처음부터 코감기약을 처방받으면 될 일이니까 말이다. 아래에서 여러 해결책을 설명할 텐데 육체적 재충전과 정신적 재충전 중 어느 부분에 더 중점이 있는지 의식하며 따라오면 큰 도움이 될 것이다.

일을 시작하기 전 단계에서의 재충전

기상 직후
식사는 필수

재충전이라고 하면 지칠 때 쉬는 것을 떠올리는 경우가 많다. 일단 활동을 하고 난 후 에너지를 보충하는 형태의 재충전도 물론 중요하지만, 애초에 어떤 활동을 할 수 있도록 원료를 넉넉히 비축하는 것도 매우 중요하다. 말하자면 영양분의 섭취는 재충전에 앞서 활동의 필수적 전제다.

그런데 신체활동은 모두 뇌의 통제 하에 이루어지고, 뇌는 포도당을 주 원료로 사용한다. 뇌는 탄수화물을 필요로 한다는 이야기도 있는데, 정확히는 탄수화물 속에 들어 있는 포도당을 필요로 한다는 의미이므로 둘은 완전히 다른 말은 아니다. 따라서 시간 관리 중 **실행의 효율은 포도당 또는 탄수화물의 섭취와 직접적인 관련이 있는 것이다.**

뇌는 우리의 의식이 깨어 있는지와 별개로 계속 활동을 한다. 수면 중에도 뇌는 꿈을 꾸게 하는 등 활발하게 활동을 하고 있는 것이다. 그리고 그러한 활동에는 모두 포도당을 필요로 한다. 그렇다면 기상 직후의 뇌의 상태는 어떨까? 맞다. 포도당이라는 원료가 보충되어 있지 않은 기계와 같다. 충전되지 않은 스마트폰이라는 비유가 더 이해가 빠를 수도 있겠다. 그렇기 때문에 기상 직후에 포도당을 섭취하는 것은 매우 중요하다. 흔히 '아침밥은 꼭 챙겨 먹어야 한다'라는 것은 이런 영양학적인, 과학적인 의미를 담은 말인 것이다.

다만 그 형태는 반드시 한국적인 아침식사의 형태를 띨 필요는 없다. 오히려 한식은 탄수화물 과다섭취라는 지적도 있다. 따라서 미국식으로 토스트와 소시지, 과일, 우유 따위를 먹는 것도 무방하다. 통상적인 차림에서는 탄수화물뿐 아니라, 단백질까지 모두 섭취가 가능한 식단일 것이기 때문이다. 한편 유럽에서는 설탕을 넣은 커피와 빵으로 식사를 하는 경우가 많은데 이 역시 탄수화물과 포도당을 섭취할 수 있으므로 뇌의 연료보충이라는 면에서는 동일하다(설탕을 넣은 커피가 뇌에 좋은 영향을 준다는 연구 결과도 있다).

나는 수험생 시절에는 시리얼과 과일 주스, 포도당 주스로, 최근에는 설탕을 넣은 카푸치노 한 잔과 샌드위치로 하루를 시작한다. 무엇이든 세계 어느 나라에서 아침식사의 형태로 먹고 있는 것이라면 무방하다. 무엇을 먹을지는 기호에 달린 것이지만, 식사 여부는 필수다.

출근 전 10분의 여유　앞서 기상 직후의 식사가 육체적인 재충전에 관한 것이었다면, 정신적인 면에서의 재충전 방법도 하나 소개하고자 한다. 이는 2순위의 좋아하는 일을 위해 일정한 시간을 적립한 후 사용하는 방식을 응용한 것이다.

바로 사무실에 출근을 할 때 10분 정도 일찍 도착해서 자가용 안이나 건물 근처의 공원, 쉼터 같은 곳에서 음악을 듣거나 눈을 감고 감정을 고요하게 만드는 등으로 시간을 보내는 것이다. 일이 엄청나게 바쁜 편은 아니거나 회사생활에서 감정적으로 별 어려움이 없는 사람 또는 수험생의 경우라면 크게 공감을 못 할 수도 있겠지만, 이 10분의 시간이 때로 하루를 지탱할 수 있게 해주는 원동력이 되기도 한다.

특히 예를 들어 맞벌이 부부로 아이까지 키우는 가정에서 어느 한쪽이 아이의 등교까지 담당한다면 그야말로 아침부터 하루가 어떻게 가는지 제대로 의식도 못 할 것이다. 이럴 때 비록 짧지만 잠시라도 온전히 나만을 위한 시간을 가지고, 이제 정말 '내 일'을 하기 위한 스위치를 켜고 일을 하기 위한 정신적인 재충전을 하는 것이다.

일하는 과정에서의 재충전

HICT 운동　본격적으로 일을 하는 단계로 들어갔을 때 무엇보다도 필요한 것은 스트레칭이나 간단한 운동으로 긴장을 완화하고 근육을 이완시키는 것이다. 오랜 시간 휴식 없이 뇌를 사용할 뿐 아니라 몸이 경직된 상태에서 일을 하는 것은 효율적이지 못하다. 그런데 일을 하는 와중에, 또는 공부를 하는 와중에 대체 어떻게 운동을 해야 하는 것일까?

미국에서 개발된 것으로 '고강도 인터벌 운동(High Intensity Circuit Training)'이라는 것이 있다. 머리글자를 따서 'HICT 운동'이라고 하거나, 7분 만에 끝낼 수 있는 운동이라고 하여 **'7분 운동법'**이라고도 한다. 방법은 다음과 같다.

1. 팔 벌려 뛰기 2. 투명의자 운동 3. 팔굽혀펴기

4. 복부 크런치 5. 의자에 오르내리기 6. 스쾃

7. 의자를 이용한 트라이셉딥 8. 플랭크 9. 무릎을 높게 하고 제자리 뛰기/하이니

10. 런지 11. 몸 돌려 팔굽혀펴기 12. 사이드 플랭크

하루 단 7분의 투자로 효율이 높은 고강도 운동을 할 수 있을 뿐 아니라, 그로 인하여 신체와 정신 모두 높은 정도로 재충전이 된다. 혼자 하기 힘든 경우에는 HICT 또는 7분 운동법으로 검색을 해보자. 굉장히 많은 글이나 영상, 어플들이 있어서 어렵지 않게 따라 할 수 있을 것이다.

온전한
점심식사

앞서 아침식사의 중요성에 대해서 언급을 했다. 뇌를 위한 포도당 섭취가 필요하다는 것이 주된 내용이었는데, 여기서 한 번 더 식사에 대한 얘기를 하고자 한다. 다만 여기에서의 내용은 영양 섭취에 관한 것이 아니라, 건강한 인간관계와 사회생활에 대한 것이다.

사람은 사회의 구성원이 되어 각자의 역할을 가지고 살아간다. 삶이라는 것은 실은 그런 형태를 모두 예정하고 있는 것이다. 이는 비단 현대의 삶에만 국한된 것은 아니고, 인류가 군집을 이루고 정착하며 살던 시절부터 우리 DNA 속에 남겨진 습성이라고도 할 수 있겠다. 즉 우리는 타인과 함께하고 소통하고 교류하면서 살아가는 형태를 자연스럽다고 느낀다.

그런데 최근에는 사람들 간의 대화가 줄어들고 교류가 끊어지고 있다. 유대감의 상실은 고독감과 외로움, 우울함으로 이어진다. 수험생의 경우는 그러한 삶을 일정 기간 전략적으로 선택한 것이지만, 직장인의 경우는 그렇지 않다. 물론 일을 하는 시간에는 그러한 교류가 있기 어렵지만, 점심시간 같은 때는 어떠한가?

　보통은 직장에서 점심식사를 친한 직원들끼리 하는 경우가 많다. 그런데 식당에 가서 고개를 들고 주변을 둘러보자. 혹시 스마트폰을 손에 쥐지 않은 사람을 찾을 수 있는가? 스마트폰보다 앞 사람과의 대화가 훨씬 중요해 보이는 사람이 몇이나 될까? 심각한 표정으로 스마트폰을 들여다보는 것이 아니라 밝게 치아를 드러내며 어제의 재미있었던 일로 웃음꽃을 피우는 사람들을 또 몇이나 있던가? 아마 굉장히 소수였을 것이다. 우리는 이 소중한 소통과 교류의 시간마저 스마트폰에게 빼앗기고 있다.

　그래서 나는 정말 특별하게 급히 연락을 받거나 다음 일정을 준비해야 하는 경우가 아니라면 **점심시간에 가급적 스마트폰을 보지 않으려 한다. 때로 일부러 사무실에 스마트폰을 두고 갈 때도 있다.** 어떤 사람은 식사 장소에 오면 테이블 한가운데 스마트폰을 쌓아두고 그걸 먼저 만지는 사람이 밥을 사게 한다고도 한다. 어느 경우든 우리가 그간 잊고 있던 우리의 습성, 타인과의 소통과 교류를 회복하기 위한 노력들일 것이다.

　이게 무슨 재충전이냐고 하는 사람도 있겠다. 그런데 이런 점심시간 외에 과연 내가 오늘 회사에서 누구와 얼마나 얘기했는지 생각해보자. 몇이나 떠오르는가? 이 부분에서 떠오르는 사람이 없다면 나는 집에서나 회사에서나 언제나 홀로 살아가고 있을지도 모른다. 그것이 정신적인 황폐함을 낳고 인생의 동력을 상실시켜 시간과 인생 관리의 실패로 연결될지도 모른다.

파워 냅의 적절한 활용법　　점심을 먹고 나서 가장 강력한 육체적·정신적 재충전 방법은 역시 낮잠이라고 할 수 있다. 다만 어딘가에 '널브러져서' 한껏 꿈나라를 헤매다 오는 것이 아니라, 아무 생각 없이 배불리 점심을 먹고 규칙적으로 낮잠을 자는 것이 아니라, **정말 필요할 때 10~20분 정도 짧고 깊게 낮잠을 자기를 권한다. 이를 파워 냅**(Power-nap)이라고 한다. 이를 통해 몽롱했던 몸과 마음이 급속으로 회복될 수 있다.

점심식사는 오후 업무에 영향을 주지 않도록

점심식사를 할 때 하나 더 신경 써야 할 것이 있다. 바로 오후 업무에 영향을 주지 않도록 적절히 먹는 것이다. 외국의 전문가라고 하는 사람들은 샌드위치로 간단히 점심을 때우기도 한다. 물론 점심시간에 배불리 먹고 사무실로 돌아와 암묵적인 낮잠을 자는 회사들도 가끔 있지만, 사무실에서 한참을 더 자고 야근하는 것과 정시퇴근해서 집에서 편하게 더 자는 것 중 무엇이 더 행복한 일일까? 배부르게 먹고 졸면서 소화를 시킨 이후에 시계를 보면 대부분 오후 3시 정도를 향하고 있지 않던가? 그리고 그 상황에 메일이나 업무연락 같은 일을 처리하고 나면 정말 해야 할 일들은 전혀 안 된 경우가 많지 않던가?

파워 냅의 적정시간은 여러 연구나 매체에 따라 다른 것으로 확인이 된다. 10~15분이라고 하는 곳도 있고, 20~40분이라고 하는 곳도 있다. 하지만 중요한 것은 두 가지다. 먼저 자신의 몸에 맞는 적정시간은 스스로가 테스트를 해보며 찾아야 하는 것이다. 공개 발표되는 연구라는 것이 대개 추상적이고 표준적인 사람들을 대상으로 하는 것이기 때문에 개별적이고 구체화된 수치는 내가 직접 알아내야 한다. 나는 수험생 시절에는 10~14분 정도를, 지금은 20~30분 정도를 잔다.

다음으로 중요한 것은 어느 경우나 약 40분 이상을 자서 정상적인 수면의 질을 떨어뜨려서는 안 된다는 것이다. 이 역시 사람마다, 상황마다 최대한도는 다르겠지만 대개 40분 정도의 시간을 언급하고 있으므로 참고하도록 하자. 다만 더욱 중요한 것은 일의 효율을 높이고자 택한 파워 냅이라는 수단이 이후 숙면을 방해해 그다음 날 일에 영향을 미친다면 그것은 본말이 전도된 것이라는 점이다.

음향과 각성상태
공부나 일을 할 때 ASMR 또는 음악을 듣는 경우가 있다. 음향도 잘 활용할 경우 각성상태를 조절하는 데 도움을 주기 때문에, 결국 일과 시간 관리의 효율성으로 연결이 된다.

음향과 각성상태에 관해서는 '여키스 도슨 법칙'을 참고할 만하다. 이 법칙은 몸의 각성상태가 낮을 때에는 자극을 줌으로써 생산성을 높일 수 있으나, 각성상태가 높을 때에는 오히려 자극을 주는 것이 생산성을 떨어뜨린다는 내용이다. 즉 음악으로 바꾸어 생각하면 시끄럽고 가사가 잘 들리는 음악은 자극적이어서 각성상태를 높이는 효과가 있을 것이다. 반면에 조용하고 가사가 없거나 잘 들리지 않는 음악은 오히려 각성상태를 낮추는 효과가 있을 것이다.

이 점을 이용하면 육체적으로 피곤한 상태, 즉 **각성상태가 낮은 때에는 조금은 시끄러운 음악을 듣는 것이 좋고**, 반대로 육체적으로 피로가 쌓여 있지 않고 **각성상태가 다소 높은 경우에는 거꾸로 조용한 음악이나 ASMR을 들으면서 각성상태를 최적의 수준으로 떨어뜨리는 것이 좋다**는 것을 알 수 있다. 물론 이러한 설명은 일반적이고 추상적이므로 내가 직접 음악이나 ASMR을 들어보면서 현재 상태에 맞는 것이 무엇인지를 확인해야 한다. 예를 들어 나는 출근 직후 시끄러운 음악을 들어서 각성을 높이지만, 이후에 최적의 상태에 도달하면 음악을 아예 꺼버리거나 지나칠 경우 조용한 피아노 연주를 매우 작게 틀어놓는다. 이런 식으로 나만의 패턴을 발견하는 것이 매우 중요하다는 점은 여러 번 설명했다.

진짜 휴식과 가짜 휴식　　휴식에는 진짜 휴식과 가짜 휴식이 있다. 진짜 휴식은 정신적 또는 육체적인 에너지가 바닥났을 때 그것을 보충해주는 것인 반면, **가짜 휴식은 재충전이 필요한 상태는 아니지만 일에서 이탈을 하게 되는 경우**를 말한다. '도저히 일 못 하겠다. 좀 쉬어야겠다'라고 생각하는 상황이 진짜 휴식에 해당한다면, 재충전을 목적으로 하는 경우가 아니라 일을 할 수 있는 정신적 체력이나 집중력은 아직 건재하지만 화장실을 가고 싶다거나 목이 너무 마르다거나 하는 등의 생리적 현상으로 인하여 강제적으로 일에서 이탈을 해야 하는 경우가 가짜 휴식에 해당한다.

가짜 휴식을 취하게 되는 경우에는 곧바로 자리에서 일어나지 말고, '자투리 시간 활용'에서 본 것처럼, **몸과 달리 머리는 계속해서 일을 할 수 있도록 만들어주는 것이 좋다.** 애써 얻은 집중력과 각성상태를 잃는 다면 다시 그 상태까지 끌어올리는 데에 또 다른 시간과 에너지가 소모되기 때문이다. 따라서 이런 상황에는 자리에서 일어나기 전에 계속해서 머릿속으로 할 수 있는 일을 꼭 하나 챙겨서 일어나는 습관을 들이는 것이 좋다. 자리에서 일어나기 전 머릿속에 일을 담아서 나온다는 감각이면 된다.

반면 진짜 휴식을 취해야 하는 경우에는 정말로 쉬는 것이 좋다. 다만 이때도 지금까지 투입한 시간과 에너지라는 비용을 한 번 더 고려해보는 것이 필요하다. 5~10분 정도만 더 투자한다면, 한 파트 정도만 더 해치운다면 일을 완전히 끝낼 수 있는 상황인데 일단 쉬어야겠다며 자리에서 일어나는 경우가 많다. 휴식시간을 정해둔 경우가 대부분 이에 해당한다. 1시간 일하고 10분을 쉰다든지 하는. 그러나 그런 식으로 휴식을 취하게 될 경우, 앞서 설명한 것처럼 같은 일을 위해 다시금 '워밍업'을 하는 데 시간과 에너지를 재투입해야 한다. 휴식 전에 조금만 더 힘을 내 이 일을 끝내고 일어났다면 낭비하지 않아도 되었을 것들이다. 그렇기 때문에 '정말 이제는 더 버티지 못하겠다'라는 생각이 들 때 '딱 10분만 더 버티자'라는 생각의 습관, 거기서 잠시 멈추고 남은 것이 무엇인지, 현재 휴식을 취함으로써 혹시 시간과 에너지의 손실이 발생하는 것은 아닌지를 잠시 생각해보는 습관이 필요하다.

에너지 ×
··· 진짜 휴식

다른 이유(에너지 O)
··· 가짜 휴식

일을 끝낸 후의 재충전

**일과의
결별**　　일을 마친 후 재충전 방식 중 가장 먼저 설명해야 할 것이 바로 일과의 결별이다. 물론 수험생의 경우라면 언제나 공부를 하고 있어야 하므로 이런 것은 해당 사항이 없다. 그러나 직장인이라면 홀가분한 손과는 달리 머릿속에 일을 넣어서 집으로 오는 경우가 있다.

퇴근을 하고 신발장에 신발을 집어넣고 옷을 갈아입는다. 가볍게 씻거나 샤워를 하고 식사를 하기 위해 식탁에 앉는다. 아이도 보고 싶었다며 달려온다. 배우자와 아이는 오늘 하루의 일들을 얘기한다. 그러다가 이내 핀잔을 듣는다. 지금 딴생각하고 있냐고.

직장에서 끝냈어야 할 일을 집에까지 들고 온 사람이 보이는 전형적인 행동이다. 이 경우는 물리적으로는 일을 들고 오지 않은 것처럼 보이지만, 실은 뇌는 퇴근 전에도 귀가 중에도 귀가 후에도 계속 일을 하고 있는 것이다. 즉 뇌에게는 재충전의 시간이 전혀 주어지지 않고 있는 것이다.

이 점을 의식하지 못하면 자신도 모르게 심리적인 피로로 인해 일의 능률이 떨어지게 된다. 집에서 따로 일을 안 한 것 같은데 다음 날 일을 할 의욕이 없어지고 출근한 지 얼마 되지도 않았는데 일을 보는 것이 지친다.

이렇게 되면 엉뚱한 이유나 핑곗거리를 찾게 되기도 한다. 정작 정신적인 피로감 때문에 문제가 생기고 있는 것인데 체력적인 부분에 문제가 있다고 진단하거나 업무 능력에 문제가 있다고 진단하기도 한다.

그러나 회사에서 하던 일은 전략적으로 회사에 두고 와야 한다. 머릿속도 깨끗이 비워서 사무실에 일과 관련된 생각들을 두고 오는 연습을 해야 한다. 당장은 일을 적게 하는 것처럼 느껴질지 모르지만, 그런 질 좋은 휴식과 재충전의 시간이 다음 날, 더 오랫동안 높은 업무 능률과 결과를 보장할 것이기 때문이다.

자, 이제 선택의 시간이다. **집에 와서까지 일하고 나머지 날들은 지친 채로 살 것인가, 아니면 집에서는 푹 쉬고 나머지 날들은 활력으로**

채울 것인가?

디지털 피로감 제어하기

우리는 최근 유래 없는 속도의 기술발전 속에서 살고 있다. 하루가 멀다 하고 새로운 디지털 기기들이 나오고 세상은 점점 더 살기 편한 곳으로 바뀌고 있다. 그런데 이러한 문명의 이기들이 과연 우리에게 이익과 편리함만을 가져다주는 것일까?

혹시 나이트클럽이나 클럽에 가본 적이 있는가? 세대에 따라 달리 간다는 차이는 있지만, 공통점은 매우 시끄러운 음악이 나오는 곳이다. 처음 이런 곳을 가면 너무 시끄럽고 귀가 아프다는 느낌이 든다. 그런데 점차 음향의 크기, 그로 인한 고통에 적응을 하게 된다. 처음과는 완전히 다른 느낌을 갖게 되는 것이다.

나는 디지털 기기가 우리에게 주는 피로감도 이와 마찬가지라고 생각한다. 쉴 새 없이 울려대는 알람, 뇌를 쉴 수 없게 하는 다양한 기능들, 손만 데면 펼쳐지는 무한한 지식과 정보들. 그 무엇 하나도 우리가 휴식을 취하게 내버려두지 않는다.

그래도 일반적인 사람들이거나 연배가 조금 있다면 이러한 피로감이 덜 할 수 있다. 그런데 IT쪽 일을 하는 사람들, 특히 비교적 젊은 사람들의 경우 일반적인 경우보다 '디지털이 주는 피로감의 정도'가 매우 클 것이다. 그래서 이런 사람들이 쓴 시간 관리법 책에는 매우 많은 지면을 할애하여 아날로그적 삶을 삶아야 하는, 디지털 기기를 멀리하는 이유에 대하여 단호한 어조로 설명을 하고 있다.

하지만 이는 어디까지나 그들의 특수한 상황을 이해해야 하는 것이고, 반드시 아날로그적 삶이 바람직하다는 의미는 아니다. 그것은 오히려 너무 극단적인 느낌이 들고, 더욱 중요한 것은 디지털 기기가 주는 '이미 익숙해져서 잘 의식하지 못하는' 피로감들을 적절히 차단하고 덜어내거나 애초에 차단하는 것이 중요하다는 점이다.

나를 위한 명상과 산책　　퇴근 후에 디지털 기기를 멀리하는 것뿐 아니라, 잊고 있었던 나와의 대화, 사색의 시간을 갖는 것도 매우 좋은 재충전 방법에 해당한다. 잠시 외부에서의 모든 신호를 차단하고 내면의 소리에 집중하고 몸과 마음을 차분하게 만드는 것이다.

명상이 앉은 자리에서 할 수 있는 방식이라면, 산책은 몸을 움직이면서 할 수 있는 방식의 대표적 예라고 할 수 있다. 즉 반드시 명상이나 산책을 해야 하는 것은 아니고, 외부의 자극을 차단하고 혼자만의 온전한 시간을 가질 수 있는 행동이라면 무엇이든 좋다.

나는 때로 한강변을 산책하기도 하지만, 주로 샤워 시간을 이와 같은 시간으로 이용한다. 따뜻한 물을 쬐면서 짧은 시간이지만 **긴장을 이완시키고 생각들도 정리하고 오로지 내 자신에게 집중하는 시간을 갖**는 것이다.

수면 컨트롤 재충전을 위한 가장 대표적이고 효과적인 방법이라고 하면 아무래도 수면을 꼽을 수밖에 없을 것이다. 적정한 수면시간이 얼마나 되는지에 대해서는 여러 가지 생각이나 과학적인 견해 차이가 있을 수 있겠다. 다만 어느 경우든 내가 몸을 움직이고 **활동할 수 있는 최소시간은 수면시간으로 확보**가 되어야 한다는 점에는 이견이 없을 것으로 생각한다.

직장을 다니는 사람들과 달리, 수험생 중에는 수면시간에 대하여 이상한 선입견 내지 믿음을 가진 경우가 많다. '많이 못 자면 피곤할 거야'라는 생각을 전제로, 최소한도의 수면시간을 설정한다. 그러고는 그 시간만큼 자지 못하면 '잠을 자지 못해서 집중이 안 되고 공부를 잘 못하고 있다'라고 생각을 하는 것이다.

그러나 최적의 수면시간은 사람마다 다를뿐더러, 최소수면시간도 마찬가지다. 몇 시간 이상을 자야 집중력이 유지된다는 말과 하루 얼마 이상의 미네랄을 섭취해야 한다는 말에 과연 얼마만큼의 차이가 있을까? 많은 수험생들은 실제 더 중요한 영양분 섭취에는 크게 관심이 없으면서 수면시간에는 지나치게 민감하다.

자신의 최소수면시간을 확인하는 방법은 간단하다. 내가 가장 좋아하는 일을 하면서 얼마만큼 자지 않고 버틸 수 있는지, 다음 날 생활에 크게 지장이 없는지를 확인해보는 것이다. 예를 들어 '나는 좋아하는 드라마 정주행은 밤새 할 수 있다'라는 사람은 '나는 공부를 밤새 할 수 있다'라는 말을 부정해서는 안 된다. 내가 하고 싶다/하기 싫다는 호오의 판단과 가능성의 판단을 혼동해서는 안 된다. 다시 말해, '밤을 새서 공부할 수는 있지만 그러고 싶지는 않다'라는 말을 '밤을 새서 공부할 수 없다'라는 말로 둔갑시켜서는 안 된다는 것이다.

대부분의 수험생들은 자신들이 하고 있는 공부가 재미가 없어서 졸음을 느낀다. 그런데 그것을 직시하지 못하고 '내가 어제 잠을 늦게 자서 그런가?'라고 엉뚱한 원인을 찾는다. 그렇게 되면 시간 관리는 이미 실패한 것이다. 효율적인 공부 방법을 찾는 데 시간을 더 투자해야 하는데, 그것을 수면시간에 투자해버리기 때문이다.

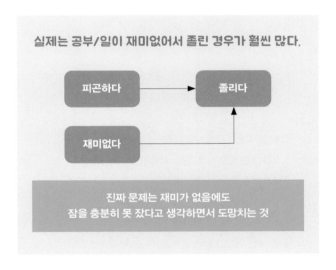

내 얘기를 '정신이 신체를 압도한다'라는 무서운 말로 잘못 이해하지는 않기를 바란다. 물론 그런 사람도 있겠지만, 내가 정말로 하고 싶은

말은 내가 가장 좋아하는 일을 할 때 버틸 수 있는 시간만큼이 내 최소 수면시간이고, 가장 좋아하는 일을 '해야 하는 일'로 바꿨을 때 버티지 못하는 것은 수면시간이 아닌 내 삶에 대한 책임감의 문제라는 것이다.

요즘은 '나 때는…'이라는 얘기를 꺼내는 게 굉장히 주저되지만, 정말 우리 때는 '4당5락'이라는 말이 있었다. 4시간 자면 원하는 대학에 붙지만 5시간 자면 떨어진다는 말이다. 예전 수험생들은 건강이고 뭐고 없이 무식하게 공부를 해서 이런 생각을 한 것일까? 그렇지 않다. 오히려 예전이 지금보다 훨씬 더 공부법적으로 정교하고 과학적이다. 그리고 영양 상태도 지금이 훨씬 더 좋지 않은가? 그런데 왜 이렇게 인식이 급격히 달라졌는지는 아무리 생각해도 잘 모르겠다.

생각 차이에 따른 결과

- '많이 못 자면 피곤할 거야'라고 생각하는 경우
  - ①3시간 잔 경우 → 미쳤어. 사람이 할 짓이 아니야
  - ②4시간 잔 경우 → 역시 힘들어 죽을 것 같아
  - ③5~6시간 잔 경우 → 피곤해서 공부/일이 안 될 듯

- '일정 시간 이상만 자면 문제없어'라고 생각하는 경우
  - ①3시간 잔 경우 → 이야! 이만큼만 자도 살 수 있구나
  - ②4시간 잔 경우 → 예정보다 1시간 더 잤구나
  - ③5~6시간 잔 경우 → 충분히 잤어

**휴일
사용법**
드디어 내가 원하던 휴일이 왔다. 이제 맘껏 쉬면 될까? 물론 재충전만을 생각한다면 그것이 가장 좋은 방법일 것이다. 하지만 내가 주중에 처리하지 못한 업무가 있고, 그로 인하여 스트레스를 받는 상황이거나 다음 주 새로 시작하는 업무에도 그것이 영향을 줄 것 같은 상황이라면, 그때는 그런 일을 처리하는 것이 좋다.

또한 내 미래를 위한 투자로 책을 읽는 등 일정한 일을 하기로 했는데 이번 주에 그것들을 하지 못했다면 어떨까. 이 경우에도 주말이나 휴일이 매우 좋은 활용도를 갖는다.

따라서 주말 모두를 온전히 쉬는 날로 설정하지 말고, 약간은 시간을 따로 할당하여 먼저 **주중에 모두 못한 1순위의 일을 처리**하는 시간을 갖자. 대략 주말 등 휴일 중 20% 이하의 시간을 써서 처리가 되는 경우라면 그 일을 하는 것이 장기적으로는 이점이 크다. 만약 수험생이라면 시간제한 없이 일단은 못한 주중 공부를 다 끝내는 것이 좋다.

그렇게 하고 시간이 남거나 애초 보충해야 할 일이 따로 없다면 그때는 **못 다한 2순위의 일을 하는 시간**을 갖자. 이는 내 미래를 위한 투자이고 대체로 업무와는 관련이 없는 경우가 많기 때문에 스트레스를 받지 않고 할 수 있을 것이다. 어렵게 말을 했는데, 주말을 자기계발을 위한 시간을 쓰는 것으로 이해하면 된다.

이렇게 하고도 시간이 남는다면 그때는 휴식이든 뭐든 큰 생각이나 계획 없이 하고 싶은 일을 하면 된다.

감정을 컨트롤하는 법

감정적, 정서적으로 지치지 않고 평정을 유지하는 것도 시간 관리의 전제인 재충전에서 매우 중요하다. 따라서 적절하게 감정을 컨트롤할 줄 아는 것도 시간 관리에 있어 필요한 능력 또는 기술이라고 할 것이다.

멈추는 습관 많은 사람들이 분노라는 감정에 휩싸인 경우 그 감정을 누그러뜨리기 위해 불필요한 시간과 에너지를 소모하게 된다. 그런데 이는 분노에만 한정된 것은 아니고, 어떠한 것이든 부정적인 감정이라면 시간 관리에 있어 불리한 점으로 작용한다는 점에서는 차이가 없다. 그렇다면 이러한 부정적인 감정을 컨트롤하는 법을 익히는 것도 시간 관리에 있어 매우 중요한 기술이라고 하겠다.

사람의 감정은 어떠한 현상을 통해 만들어진다. 예를 들어 물병에 물이 반이 차 있는 것을 보았을 때, '아직 물이 반이나 남았네'라고 말하는 사람은 그것을 보고 긍정적인 감정을, '물이 반밖에 남지 않았네'라고 말하는 사람은 그것을 보고 부정적인 감정을 만든 것이다. 즉 감정을 만든 이유 또는 현상은 언제나 변함이 없는데, **나의 선택에 따라 긍정적인 감정과 부정적인 감정을 만들어낼 수 있다는 것**이다.

그렇다면 당연히 기분을 나쁘게 하거나 분노케 하는 식의 부정적인 감정을 만들 정도의 일이 일어났다 하더라도, 내 의지로 그 감정이 생기는 것을 막고 긍정적인 감정을 선택할 수도 있지 않을까? 더욱 중요한 것은 나도 모르게 부정적인 감정을 만들기 전 잠시 멈추어 다른 가능성이 존재하는 것은 아닌지, 여기서 부정적인 감정을 만드는 것이 과연 바람직한지 판단하는 습관이 아닐까?

이처럼 내 감정에 영향을 미치는 사태가 발생했을 때는 일단 잠시 멈추고 심호흡을 한 후 생각하는 습관을 들이는 것이 좋다. 이를 통해 감정을 컨트롤할 수 있게 되고, 나도 모르게 부정적인 감정이 생겨 그것을 해소하는 데 헛된 시간을 쓰는 것을 막을 수 있다.

스트레스를 없애는 방법

스트레스 역시 정신적 피로도를 증가시키고 결국 정신적 재충전을 방해해 시간 관리에 악영향을 끼친다. 따라서 스트레스를 잘 관리하는 것도 시간 관리에 있어서는 매우 중요하다.

두 가지 유형 어떤 일로 인해 스트레스가 발생하는 경우 이를 해소할 수 있는 방법으로는 두 가지가 있다. 하나는 스트레스를 발생시킨 **원인 자체를 제거**하는 것이고, 다른 하나는 그 원인은 그대로 둔 채 **증상만 완화**하는 것이다.

당연히 원인 자체를 제거하는 방식이 훨씬 실효성이 크고 안 좋은 상황을 없애버린다는 장점이 있다. 하지만 원인 자체를 제거하는 방식은 실행이 쉽지 않다는 뚜렷한 단점도 있다. 예를 들어 회사 상사와 트러블이 많아 스트레스를 받는다고 하면, 그 상사를 회사에서 배제하는 것이 원인 자체를 제거하는 방법이다. 그러나 그것은 현실적으로는 불가능하다.

따라서 이 경우 효율적인 것은 스트레스를 상쇄할 수 있을 정도로 즐거운 일을 하는 식으로 증상을 완화하는 방법을 먼저 시도해보는 것이다. 만약 그렇게 해도 별다른 효과가 없고 내 삶에 지나치게 큰 부정적인 영향을 끼치는 경우라면 그때는 원인을 제거하는 방식으로 접근해야 한다.

가시화 기법   스트레스를 제거하는 데 굉장히 도움이 되는 방법을 하나 소개하고자 한다. 내가 이름을 붙인 것인데 '가시화 기법'이라고 하는 것이다. 여기서 '가시화'란 보이지 않는 것을 보이게 하는 것을 의미한다.

스트레스는 다른 무엇보다도 눈에 보이지 않아 얼마만큼 큰지 알 수 없기 때문에 사람들에게 엄청난 고통을 주는 것이라고 생각한다. 여기서 생각을 뒤집어보면, 어쩌면 스트레스를 눈에 보이게 할 수 있다면 생각보다 그 스트레스의 크기가 작거나 별것 아닌 경우도 있을 수 있는 것이다.

따라서 어떤 일로 인하여 스트레스를 받고 있을 때에는 흰 종이를 하나 준비해서 가운데 반을 접어 왼쪽에 스트레스를, 오른쪽에는 스트레스의 원인을 적어보자. 맞다. 앞서 '로직트리'와 마찬가지의 방식이다. 세부원인을 나누어가며 적는 것뿐 아니라, 바꿀 수 있는 문제인지 그렇지 않은 문제인지를 표시하는 것도 동일하다.

하지만 가시화의 진짜 의미는 이런 것이 아니다. 물론 활자를 통해 세부적으로 원인을 적긴 했지만, 더욱 중요한 것은 '**바꿀 수 없는 문제**'**를 처리하는 방식**이다.

스트레스의 주된 원인은 결과를 내 노력으로 바꿀 수 없다는 점을 알지만 이를 놓을 수 없기 때문에, 미련을 버릴 수 없다는 점이다. 그리고 그러한 스트레스는 눈에 보이지 않아 도무지 머릿속에서 떠나보내기 어렵다. 그러나 지금은 그 스트레스가 종이 위에 활자의 형태로 적혀 있다. 더 이상 눈에 보이지 않는 스트레스가 아닌 것이다.

좋지 않은 글이나 문서 같은 것을 어떻게 처리하는가? 과격한 방법이지만 종이를 찢어서 버리는 경우가 매우 많다. 그렇다면 이 스트레스라는 부정적인 용어도 마찬가지로 처리하면 되지 않을까? 그렇다. 나는 해결할 수 없는 스트레스라고 한다면 그걸 적어도 내 머릿속에서 떠나보내기 위해 **종이에 적은 후에 모두 찢어버리고 있다.**

**슬럼프
극복 방법**
슬럼프란 어떠한 정신적·육체적 활동이 부진한 상태에 빠진 것을 의미한다. 슬럼프에는 다양한 원인이 있을 수 있는데, 그것이 스트레스로부터 기인한 경우에는 앞의 서술이 그대로 타당하다.

한편 시야가 좁아서 슬럼프에 빠지는 경우도 있는데, 이때는 자기 자신을 **조금 멀리, 넓은 시각으로 볼 필요**가 있다. 오늘 당장 일의 효율이 나오지 않았다고 해서 일희일비를 하는 게 아니라, 오히려 오늘 아쉬운 마음이 드는 이유는 지금까지 충분히 잘해왔기 때문이라는 점을 인식해야 한다. 그리고 그렇게 지금까지 잘해왔다는 것을 알기 위해서는 일련의 흐름 속에서 '오늘'이 파악되어야 한다. 즉 넓은 시야가 필요한 것이다.

그렇게 보면 슬럼프에 빠졌다는 것은 지금까지 무언가를 열심히 잘해왔다는 의미여서, 말하자면 '지금까지 열심히 한 사람의 특권이 바로 슬럼프'라고도 할 수 있다. 즉 슬럼프에 빠졌다는 것은 거꾸로 오히려 축하를 받아야 하는 일일 수도 있는 것이다.

◉ SUMMARY 8

- 재충전은 어떤 방법으로 해도 좋지만, 반드시 해야 한다.
- 기상 직후의 포도당 섭취는 필수다.
- 업무 중에는 HICT 운동으로 재충전을 한다.
- 점심식사는 단절을 극복할 수 있는 기회다. 스마트폰을 멀리하자.
- 오후에 졸릴 경우 10~20분 정도 파워 냅을 실행한다.
- 적절한 음악으로 각성상태를 조절한다.
- 재충전이 필요하지 않음에도 생리현상으로 쉬게 되는 '가짜휴식'의 경우 머리는 쉬지 않고 일 하는 습관을 들인다.
- 일을 끝낸 후에는 집으로 일을 들고 오지 않고, 디지털 기기를 멀리한다. 명상과 산책을 즐긴다. 잠은 반드시 최소시간 이상으로 자되, 각자가 최소시간을 직접 확인해봐야 한다.
- 휴일에는 못 다한 1, 2순위의 일을 보충한 후에 쉰다.
- 감정은 내가 외부현상을 보고 만들어내는 선택의 문제이므로, 부정적인 감정이 들 만한 상황에서는 멈춰서 생각하는 습관이 필요하다.
- 스트레스 중 해소가 불가능한 것은 종이에 적어서 찢어버린다.
- 슬럼프 극복에는 보다 넓은 시각이 필요하다.

'나'를 되돌아보는
시간 관리

    내가 시간 관리에 처음으로 관심을 가지게 된 것은 지금은 고전 중의 고전이 되어버린 스티븐 코비의 책《성공하는 사람들의 7가지 습관》을 읽은 때부터였다. 이 책에서도 소개를 했지만 시간 관리에 실패하는 가장 큰 이유가 '중요하지 않지만 긴급한 일'을 높은 순위로 처리하기 때문이라는 것을 알고부터 정말 큰 변화가 내게 찾아왔다.

    당시에는 법무부에서 일을 하고 있을 때였는데, 정말 하루하루 밀려드는 일의 양이 너무 많고 다양해서 메모를 하지 않으면 일을 놓치기 일쑤였다. 그리고 새벽까지 일을 하는 게 다반사였기 때문에 오후 6시쯤 퇴근을 할 때는 오히려 기분이 이상하기까지 했다.

하지만 앞서의 배움으로 나의 일 처리 방식, 시간 관리 방식을 바꾼 후부터는 여유 있게 일을 처리할 수 있게 되었다. 자연히 시간이 남게 되었고 내 미래를 위해 할 수 있고 또 해야 하는 일들에 시간을 쏟을 수 있었다.

법무부에 근무할 때부터 나는 퇴직 후 법학 강의를 하면서 살아야겠 다고 생각을 했다. 물론 변호사로서 일하는 것은 당연한 것이고, 거기 에 즐거운 일 한 가지를 더 생각한 것이다. 아직 공간하지는 않았지만, 나는 지금까지 7과목의 교과서와 기출문제 해설집, 사례해설집, 판례 집 등 총 20여 종의 책을 집필할 수 있었다. 법무부를 나와서 7개 법과 목에 대한 동영상 강의를 모두 찍고 학생들에게 제공할 수 있었던 것도 시간 관리 덕분이다. 이 모든 것들이 불과 1~2년 안에 이루어질 수 있 었다. 이 책에서 소개하는 시간 관리의 기술들도 모두 그 기간 동안에 열심히 관련된 책을 읽고 직접 실행해보면서 체득한 것들이다.

인생의 가치와 나만의 즐거움을 되찾는 법

나는 배우는 것을 즐긴다. 내가 모르던 것을 알게 되면 내 인생이 때 로 극적으로 바뀌는 경우가 있기 때문이다. 법학을 공부하고 재미를 느 끼게 된 것이 내 인생의 가장 큰 행운이라고 한다면, 시간 관리의 중요 성에 대해 깨닫고 공부를 하게 된 것이 두 번째로 큰 행운이라고 생각 한다.

시간 관리의 핵심은 결국 아웃풋을 만드는 것이고, 그 아웃풋은 일의 중요성에 달려 있다고 할 수 있다. 중요하지 않은 일은 아무리 해도 빛이 나지 않고 인정을 받지 못하지만, 중요한 일은 그것만 제대로 한다면 다른 덜 중요하거나 사소한 것들이 조금 어그러지더라도 좋은 평가를 받을 수가 있기 때문이다.

그런데 그런 '중요성'의 판단은 결국 나의 인생의 가치들과 관련이 있다는 것을 시간 관리법을 통해 배우게 되었다. 밀려오는 일들을 처리하고, 언젠가는 떠나고 싶다고 생각하는 조직 속에서 그 일을 성실하게 처리하는 것이 내 인생에는 어쩌면 길게 보면 마이너스가 될 수 있다는 점을, 진정으로 내가 하고픈 일이 무엇인지를 먼저 찾고, 그것을 하기 위한 시간을 마련하는 것이 더욱 중요하다는 것을 깨달았다.

어릴 적에 과제가 잔뜩 쌓여 있음에도 게임이나 만화를 보거나 친구들을 만나기 위해 머리를 굴렸던 것을 생각해보라. 그것과 마찬가지다. 성인이 되면 그런 단순한 오락 류의 즐거움을 전적으로 추구하면서 살기는 힘들지만, 다른 형태의 즐거움들이 기다리고 있다는 사실을 종종 망각하지 않는가? 시간 관리는 그런 숨겨진 보물들, 어쩌면 잊힌 보물들을 다시 찾게 해 준 방법론이었다고 해도 과언이 아니다.

이런 '다시 찾는 것'의 즐거움을 많은 분들께서도 느꼈으면 좋겠다. 이 책에 실린 시간 관리법이 단순한 기술이 아닌, 내 삶의 기준과 방식을 되돌아보는 데 조금이나마 도움이 될 수 있다면 그보다 더 큰 기쁨은 없을 것 같다.

더 좋은 삶을 위해 조금씩 계속하기

이 책을 쓰면서 많이 들었던 생각이 하나 있다. 이 책을 읽는 분들이 '정말로 저 사람은 저런 것들을 모두 다 생각하고 지키며 살까?'라고 생각을 하진 않을까 하는 것이다.

결론부터 얘기하자면 사실 그렇다. 나는 생각이 참 많은 사람이다. 이 책을 쓰기 위해 일부러 망각을 위한 시간을 가졌다. 나도 다른 책이나 강의 등에서 보고 배운 것들이 굉장히 많은데, 실제 내가 체화를 하지 못한 것들, 즉 그다지 실효성이 없는 것들은 내 책에 실어서는 안 된다고 생각했다. 그것이 첫 번째 이유다.

다른 사람들의 방법을 포함하여, 내가 익히고 있는 방법 중에 지엽적인 부분들은 잊고 가장 중요한 부분만을 남기고자 한 것이 두 번째 이유다. 시간 관리에 한정되는 것은 아니고 자기계발서의 일반적인 서술 체계 내지 전개방식이 많은 예시와 '개인적인' 효과 내지 성과를 포함하고 있다. 하지만 나는 방법론을 제시하는 경우에는 핵심적인 '결론'과 실용성 두 가지 외에는 별다른 의미가 없다고 생각을 한다. 그 사람이 기에 거둔 성과나 그 사람이 그와 같은 결론을 내리기까지의 과정들을 귀납적 논증의 방식으로 제시하는 것에는 큰 매력을 느끼지 못한다.

그렇기에 이 책은 현재 내 머릿속에 들어 있고, 실제 내가 실행하는 것들만을 글로 옮겼다. 모아두거나 정리해둔 자료들 중에서는 여기에 실리지 않은 내용들도 상당히 많다. 내가 얼마만큼 생각이 많은 사람인가와는 별개로 '이 정도는 생각할 수 있고 지킬 수 있다'라는 것들만을 모아두었다. 이 책을 쓰는 과정에서도 지나치게 지엽적이거나 깊게 들어가는 것들은 배제하려 노력을 했다.

'당신처럼 생각하는 과정이 더 어렵겠다' '나는 복잡해서 그렇게는 못하겠다'라고 하시는 분들이 있을 수도 있겠다. 하지만 나도 마찬가지의 의문을 느끼고 같은 과정을 거치면서 이 방법들을 배우고 익혔다. 시간 관리는 인생 관리라는 말의 무게를 항상 잊지 않으려고 노력했고, 중요한 부분들을 따로 메모해서 아무 생각을 하지 않아도 몸이 그 기준에 따라 반응하도록 철저히 반복하고 연습했다. 삶을 바꾸는 것은 쉽지 않다. 그리고 굉장히 오랜 시간이 걸린다.

'종심(從心)'이라는 말이 있다. 논어 〈위정〉편에 나오는 말이다. 공자가 15세부터 70세까지 자신의 삶을 되돌아보며 한 마디씩 붙인 것 중 하나인데, '70세에 이르러서는 마음 내키는 대로 해도 법도를 어기지 않았다'라는 의미다.

물론 나는 아직 그 반 정도의 세월을 조금 넘은 시점을 지나고 있으므로 70이 되어야 이를 수 있는 경지는 아직 알 수가 없다. 하지만, 저 말 속에는 다른 의미가 있다는 생각이 든다. 바로 어떤 좋은 기준을 체화하려 노력하고 그 노력이 오랜 시간 동안 지속되면, 어느 순간부터는 내가 의식하지 않고 행동을 해도 그 기준을 벗어나지 않는다는 것이다. 공자에게는 그것이 70살이었을 뿐이다.

나도 여전히 더 나은 방법으로 시간 관리를 하고 더 좋은 삶을 살기 위해 계속해서 노력하고 있다. 이 책은 그 노력을 원래 들어야 할 것보다 줄여준다는 점에서 의미가 있을 뿐, 한두 번 읽어서 바로 내 것이 되고 삶이 혁신적으로 바뀌는 그런 마법 같은 책은 아닐 것이다. 하지만 여기서 제시되어 있는 여러 방법들을 적용해보고 자신에게 더 적합한 방식으로 변용하려고 노력한다면, 반드시 작지만 유의미한 결과들이 쌓일 것이고, 그것들이 모여 삶의 방향과 각도를 자신도 모르게 조금은 바꿔줘서 결국에는 정말 스스로도 깜짝 놀랄 만한 변화를 만들어줄 거라 생각한다.

본문 이미지 출처

- 62쪽
  lifein.news/news/articleView.html?idxno=2260
- 269쪽
  middleagemarathoner.com/finding-time-to-run/20-minute-hiit-workout/
- 출처 표기가 없는 이미지는 저자 및 픽사베이 제공 이미지입니다.
- 일부 저작권이 확인되지 못한 이미지에 대해서는 저작권을 확인하는 대로 통상의 비용을 지불하도록 하겠습니다.

일잘하는
사람의 시간은
다르게 흘러간다

초판 1쇄 발행 2022년 4월 20일 **초판 6쇄 발행** 2024년 5월 3일

지은이 이윤규
펴낸이 최순영

출판1 본부장 한수미
와이즈 팀장 장보라
편집 김혜영
디자인 조은덕

펴낸곳 ㈜위즈덤하우스 **출판등록** 2000년 5월 23일 제13-1071호
주소 서울특별시 마포구 양화로 19 합정오피스빌딩 17층
전화 02) 2179-5600 **홈페이지** www.wisdomhouse.co.kr

ⓒ 이윤규, 2022

ISBN 979-11-6812-262-8 03190